観光危機管理ハンドブック

観光客と観光ビジネスを災害から守る

髙松正人 著

朝倉書店

は じ め に

「どのようにしたら，地震と津波で壊滅的な被害を受けた東北の観光を復興できるのだろう？」このような疑問から私は「観光危機管理」の世界に入り込んだ．東日本大震災からもうすぐ7年経つが，その間にも日本で，世界で，さまざまな災害や危機が発生し，地震や津波，火山活動や大雨による土砂災害，テロなどにより，住民をはじめ観光客の命が脅かされ，地域の観光関連事業者の経営が揺るがされてきた．

日本では30年以内に70％の確率で首都直下地震が発生し，首都圏の各都県に大きな被害を及ぼすと予想されている．西日本では南海トラフ地震による大津波が懸念されているほか，地震をひき起こす可能性のある活断層が全国あちこちに存在する．地球温暖化は異常気象を増加させるといわれ，超大型台風や記録的豪雨による洪水や土砂災害のリスクが高まっている．いつ，どこで大災害が発生してもおかしくないのが日本の現状だ．

日本を訪れる外国人観光客が，この数年，目覚しい勢いで増加してきた．人口減少と高齢化が避けられない日本にとって，海外からの観光客は経済成長を牽引する貴重な存在だ．2020年の東京オリンピック・パラリンピックに向けて，外国人観光客はさらに増えて行くだろう．大規模な災害が日本で発生したとき，このように多数の外国人観光客や国内観光客の安全を確保し，安心して帰宅できるように準備しておくことは，国・自治体・観光関連産業全体の大きな責務であると考える．

また，観光が主要産業と位置づけられ，観光関連産業で働く人が増えてきているが，災害や危機によって観光事業が停滞すれば，この人たちの雇用がリスクにさらされる．観光関連産業の事業継続と雇用維持のためのしくみづくりは，さらに重要度を増していくだろう．

この本が，観光客と観光関連産業を危機や災害から守るための一助となるのであれば，これに勝る喜びはない．

本書の出版に至るまでには，実に多くの方々のご指導やお支えをいただいた．私を観光危機管理の世界に招き入れてくれたUNWTOのDirk Glaesser氏，観光危機管理の師Bert van Walbeek氏，シドニー工科大学のDavid Bierman上級講師，私に観光危機管理の実務経験の機会を与えてくださった琉球大学の下地芳郎教授，沖縄県庁の玉元宏一郎氏，気仙沼商工会議所の菅原昭彦会頭，加藤正禎専務理事，UNISDRやARISEの活動への道を開いてくださった国際航業のSandra Wu会長，観光危機管理の事業立ち上げから苦労をともにしてくれたJTB総合研究所の河野まゆ子主任研究員，その他にもここにお名前を挙げて感謝を伝えたい方々はまだまだ多い．

東京大学大学院の関谷直也准教授は，この本の出版のきっかけになる研究会に招いてくださった．それがなければ，この本は世に出なかっただろう．2年以上の間，辛抱強く原稿を待ってくださった朝倉書店編集部には，心からお礼したい．そして，せっかくの休暇中に家でパソコンに向かって執筆する私を，いやな顔もせず励ましてくれた妻 真波には，最大の「ありがとう！」を伝えたい．

2018年2月

髙 松 正 人

目　　次

第1章 ┃ きっかけ－観光危機管理を日本で－

1.1. 東日本大震災の後で－観光危機管理に触れるきっかけ－　1
1.2. 被災した観光地・観光関連産業をどう復興するか　2
1.3. 「プーケット・アクション・プラン」　3
1.4. 「観光危機管理」を日本で　4
1.5. 沖縄での実践　4
1.6. 必要性の高まる観光危機管理　5

第2章 ┃ 観光危機管理とは

2.1. 「観光危機」と「観光危機管理」の定義　7
2.2. 観光危機管理の全体像　9
2.3. 観光危機管理の対象　9
2.4. 観光危機管理の必要性　11
2.5. 観光 BCP（事業継続計画）としての危機管理計画　11
2.6. 地域防災計画等との関係　12
2.7. 観光危機管理の対象となりうる危機・災害　13

第3章 ┃ 観光危機管理の4つのR

3.1. 減災（Reduction）　15
3.2. 危機への備え（Readiness）　16
3.3. 危機への対応（Response）　16
3.4. 危機からの復興（Recovery）　17
3.5. 4R は循環するサイクル　18

第4章 減災（Reduction）

4.1. 起こりうる危機・災害の想定　20

4.2. 組織トップの観光危機管理への意識づけ　22

4.3. ハード面での減災（耐震，耐浪，避難施設）　23

4.4. 観光客に危機と対応をどのように伝えるか　24

4.5. 観光客への早期情報提供・帰宅奨励　25

4.6. 観光施設の防災レベル評価　26

第5章 危機への備え（Readiness）

5.1. 観光危機管理計画・事業継続計画（BCP）の策定　30

5.2. 観光危機管理計画の構成　31

5.3. 組織の危機管理体制・対策本部　34

5.4. 「指揮者」としての対策本部長　36

5.5. 危機管理体制設置・危機対応開始の判断基準　37

5.6. 事前意思決定　40

5.7. 危機情報の収集と発信とその系統　41

5.8. 情報ハブとしてのコミュニケーション責任者　43

5.9. 情報発信テンプレートとダークサイト　44

5.10. 観光危機管理計画作成のポイント　47

5.11. 非常用通信手段　52

5.12. 危機・災害対応訓練（民民／官民連携）　53

5.13. 図上シミュレーション訓練　54

5.14. 関係機関との事前協定　54

5.15. 水・食料・生活必需品の備蓄　55

5.16. 危機管理がうまくいかない主な理由　56

第6章 危機への対応（Response）

6.1. 危機対応体制の発動　62

6.2. 危機状況の把握・情報収集　63

6.3. 従業員・職員と家族の所在・安否確認　　65

6.4. 観光危機管理計画・BCP の実施　　66

6.5. 危機情報・営業継続情報の発信　　66

　　🧳ᴸ 危機時の情報発信の鉄則 (Clear, Concise, Consistent)　　68

6.6. 風評につながる情報の監視（モニタリング）　　69

　　🧳ᴸ 人々は地理に疎い　　70

6.7. 観光客の安全確保・避難誘導　　71

6.8. 避難に支援が必要な観光客への対応　　74

6.9. 観光客の所在・安否確認⇒情報集約　　75

6.10. 水・食料等の供給　　76

6.11. 観光客の帰宅に係わる情報収集と提供　　77

6.12. 帰宅支援・帰国支援　　78

　　🧳ᴸ 海外旅行中の国民保護　　78

6.13. 被災した観光客とその家族・関係者への対応　　80

6.14. 重傷者・遺体の移送　　81

　　🧳ᴸ 遺体衛生保全処理（エンバーミング）　　83

第7章 ｜ 復興（Recovery）

7.1. 観光復興計画の作成　　84

7.2. 観光復興の費用と原資　　87

7.3. 国内外の関係機関への協力要請　　87

7.4. 観光復興状況の情報収集と情報発信　　89

7.5. 復興要員・ボランティアの受け入れ　　91

7.6. 復興に向けたマーケティング活動の実施　　92

7.7. 風評対策　　93

7.8. 観光事業者への支援（財務，雇用）　　94

　　🧳ᴸ 「風評被害」ということばは自ら使わない　　94

7.9. 従業員の人材育成　　95

目 次　v

第8章 | 沖縄での観光危機管理の取り組み

8.1. 観光は沖縄のリーディング産業　105

8.2. 沖縄で想定される観光危機　105

8.3. 観光危機管理面の課題　106

8.4. 地域支援　107

8.5. 先進地視察　108

8.6. 海抜表示・避難誘導標識　109

8.7. セミナー・シンポジウム　111

8.8. テレビ番組　112

8.9. 観光危機管理基本計画の策定　113

8.10. 今後の取り組みと課題　114

第9章 | 気仙沼市観光復興戦略づくりの取り組み

9.1. 一本の電話から　126

9.2. 当時の気仙沼　126

9.3. 気仙沼市観光戦略会議　128

9.4. 個性的な委員たち　129

9.5. 一緒に市内の現状を見よう　129

9.6. 津波復興の先進地奥尻島の視察　130

9.7. 水産業を核とした観光復興　131

9.8. 「観光に関する戦略的方策」の取りまとめ　132

9.9. 気仙沼観光推進機構へ　133

第10章 | 世界レベルでの観光危機管理

10.1. 第3回国連防災世界会議　135

10.2. 観光セッション　136

10.3. ホテル防災　137

10.4. UNISDR と ARISE　138

10.5. PATA の早期観光復興タスクフォース　139

第11章 これからのこと

11.1. 観光危機管理における官民連携　141

11.2.「安全・安心」は観光立国推進の基盤　142

11.3. 政治・業界リーダーへの啓蒙　142

11.4. 観光危機管理専門家の育成　144

観光分野の防災・危機管理用語集　146

観光危機管理のためのチェックリスト　155

索　引　167

第1章
きっかけ
―観光危機管理を日本で―

1.1. 東日本大震災の後で―観光危機管理に触れるきっかけ―

　2011年3月11日金曜日，昼過ぎに群馬県への出張から戻り，東京・日本橋のオフィスで翌週予定されている講演の最終確認をしているところであった．オフィス内のあちこちで携帯の緊急地震速報の音が鳴ったかと思うと，地震の揺れが始まった．最初，「また地震か．近頃多いなあ」程度に思っていたが，揺れは収まるどころか激しさを増し，デスクにしがみつかないと，座っていた椅子ごとからだが飛ばされそうなほどだった．ロッカーは傾き，オフィス内の書棚から本や資料がバラバラと落ちる音がしたが，その場から動くことができない．「いよいよ，首都直下地震か……」はっと気がついて，オフィスの入口近くにいた社員に，「ドアを開けて．閉じ込められるといけないから」と声を掛けるのが精いっぱいだった．地震は永遠に続くかと思うほど長く，このままでは阪神・淡路大震災のときのようにビルが倒壊するのではないかと思うほどだった．ようやく揺れが収まり，テレビをつけて震源が三陸沖であること，大津波警報が出たことを知った．

　その後，外出していた社員の所在と安否の確認，帰宅できなくなった社員の滞在場所の確保などを指示しながら，テレビの画面に映し出される三陸各地の津波襲来の様子を，信じがたい夢の中のできごとのように見ていた．

　地震の翌週になると，予定されていた観光関連業務の中止や延期などの連絡が相次いで入ってきた．地震発生時に準備していた講演も，当然のことながらキャンセルとなった．東北地方の鉄道，高速道路などの交通インフラも大きな被害を受け，東北のみならず国内のいたるところで，「観光どころではない」という空気が漂っていることを感じた．震災で観光がこんなに大きなダメージを受けて，当社の中心的な事業である観光関係の調査やコンサルティングは，これから先どうなるのだろうか？　などと考えているうちに，この状況から観光の復興を支援するのも，自分たちの役割なのではないか？　という考えが浮かんできた．

1.2. 被災した観光地・観光関連産業をどう復興するか

そうはいっても，具体的にどうしたらいいのだろう，どこから手をつけたらいいのだろう？　手がかりがつかめずに，しばらくの間，さまざまなことに思いを巡らしていた．

そうしているうちに，「これまでにも大災害から立ち直った観光地が世界にはいくつもある．それを参考にすれば，今回の大災害から観光を復興させる道筋は見えてくるはずだ．それを明らかにし，被災した国内の観光地に示すことは，旅行・観光のシンクタンクを標榜する当社の重要な使命（ミッション）だ」という考えに至った．そこで，海外の知り合いの観光専門家数名に，震災と津波で大きな被害を受けた日本の観光を立ち直らせるためにどのようなことをしたらよいか知りたい，これまでに大災害から復興した観光地の事例などがあれば教えてほしい，と依頼のメールを送った．

すると，UNWTO（世界観光機関）の一人の職員からメールが返ってきて，UNWTO本部のダーク・グレーサー氏を紹介してくれた．グレーサー氏は『危機管理論と観光』という著書もある観光危機管理の世界的な第一人者であった．

さっそくグレーサー氏にメールを送り，これから日本の観光をどのように復興していったらよいか考えるヒントになるような，災害復興の先行事例があれば教えてほしいと依頼した．すぐに2004年12月のインド洋大津波の被害から復興を果たした，タイ，プーケット島の観光復興計画をまとめた報告書を送ってくれた．「プーケット・アクション・プラン」と題されたこの報告書を一気に読んだ私は，「ここに，知りたかったことに対する答えがある．これを参考にすれば，東北の観光復興の道筋も見えてくる！」と暗闇に光が差し込んだように感じた．

しかし，東北の観光復興支援は，すぐに具体化しなかった．多くの行方不明者の捜索が続き，何十万人もの被災者が避難所での厳しい生活を余儀なくされ，観光客の誘致どころか東北新幹線の運転も再開していない．さらに福島第一原子力発電所からの放射性物質の流出が止まらない状況で，とても観光復興の話を切り出す糸口が見つからなかった．東北での観光復興に向けた実践の機会は，その年の年末に，宮城県気仙沼市の観光復興計画の相談を受けるときまで訪れなかった．

一方，これをきっかけにグレーサー氏とメールのやり取りが始まり，「プーケット・アクション・プラン」やグレーサー氏の著書などを参考にしながら，観光危機管理の考え方を自分なりにまとめる作業を進めた．ちょうどその年の9月に，オーストラリアでUNWTOとオーストラリア国立危機管理研究所が共同開催する観光危機管理に関する会議が開催された．グレーサー氏から招待される形で会議に参加した私は，東日本大震災時の観光分野の対応について発表する機会を与えられた．この会議は，観光分野の防災や危機管理に携わる世界の専門家の発表を聞き，彼らと知り合う貴重な場となった．

1.3. 「プーケット・アクション・プラン」

　グレーサー氏から送られた「プーケット・アクション・プラン」は，2004年12月26日に発生した大津波によって甚大な被害を受けたインド洋沿岸の4か国（スリランカ，モルジブ，タイ，インドネシア）における観光の早期復興に向けた，主にソフト面での実行計画である．この計画を取りまとめるため，UNWTOをはじめとする関係機関の会議が，津波の被災地であるタイのプーケット島で開催されたことから，「プーケット・アクション・プラン」と名づけられた．

　「プーケット・アクション・プラン」の主な内容は次の通りである．これが，その後の国内における観光危機管理を考える際の基礎となった．

1．マーケティングと情報発信

　被災した観光地が回復したことを，旅行市場に対して伝えるのが主な目的．情報発信の対象は，主な旅行市場の政府，旅行会社，メディアなど多岐にわたる．特に災害に伴い引き上げられた「渡航情報」のレベルを下げることがカギとなる．単なる情報発信だけでなく，イベントや現地への視察旅行なども活用する．

2．被災地域の観光関連事業者の保護・救済

　被災地で観光関連事業に携わる中小零細企業は，津波による物理的な被害のみならず，観光客の急激な減少により運転資金が低下し，経営危機に陥っている．これらの事業者に小口の緊急融資等を通じて運転資金や施設修復のための資金を提供するとともに，事業再開のための技術的な支援を行う．

3．観光業従事者の人材育成

　観光関連企業が被災により休業している間，一時的に失職した従業員に対して，観光のプロとしてのスキル向上のための教育・訓練を行い，営業再開時により高いレベルのサービスが提供できるようにする．また，被災により死亡・離職した観光関連従業員の「穴」を埋めるため，新たに観光分野で働きたい人を教育・訓練する．

4．持続可能な観光の再開発

　津波によって損失した観光インフラや施設を再建・修復する際に，従前の施設の問題点を改め，自然環境や地域住民の参画に配慮した持続可能な形で再開発することにより，観光地としての国際競争力を高める．

---

5. 将来の災害に備えたリスク管理

　　観光地の将来の災害リスクを洗い出し，それらに対するハード・ソフト面での対策を行うとともに，危機発生時の対応計画を策定，関係者を訓練して，安全な観光地づくりを進める．

1.4. 「観光危機管理」を日本で

　当初，震災で大きな影響を受けた日本の観光をどのように復興させるか，を主に考えていた私だったが，「プーケット・アクション・プラン」やグレーサー氏の『危機管理論と観光』などを読んでいくうちに，「観光危機管理」への興味を深めていった．起こりうる危機や災害を予め想定し，もしそれらの危機が発生してもすぐに，的確に対応できるような体制を整えておくことの重要性を強く感じるようになったのである．

　日本は世界でも有数の自然災害リスクの高い国である．地震，津波，台風，土砂災害，水害，火山噴火，雪害など，世界中で起こりうる自然災害のほとんどが日本で起こる可能性がある．自然災害だけではない，SARS（重症急性呼吸器症候群）や新型インフルエンザなどの感染症や，テロ事件なども観光業界に大きな影響を及ぼす．このような日本が観光立国を推進していくためには，他国以上に「安全・安心」な国であることが必要だ．そのためにも「観光危機管理」を日本のすみずみまで浸透させることができれば，災害リスクの高い日本ではあるけれども，世界の人々が安心して観光に来てくださるだろう．

　そこで社員たちにも協力してもらって，観光客を対象とした日本国内の防災計画の実態を調べてみた．当時は，三重県や台東区など，災害リスクが意識され，かつ観光客の多いごく一部の自治体で災害時の観光客避難誘導計画が作られていることがわかったが，「プーケット・アクション・プラン」のような災害後の観光地の復興まで含む総合的な計画を国内で見つけることはできなかった．また，ほとんどの地域では，観光客を対象とする避難誘導計画さえないことがわかった．

1.5. 沖縄での実践

　観光危機管理を日本で，と意気込んだところで，国レベルですぐに動くものでないことは容易に想像できた．そこで，それまでに国際観光マーケティング計画や医療観光，文化観光促進など，さまざまな事業を支援してきた沖縄県に観光危機管理体制づくりを提案してみることにした．

　沖縄県庁の観光部署には，それまでの事業で培った人脈もあり，何よりも観光が沖縄県の最大産業であることから，観光危機管理の必要性を最も切実に感じるであろうという期待があった．

震災から約1か月後の4月中旬，新年度の観光関連事業に関するヒアリングととも
に，観光危機管理の事業化を提案すべく，私は沖縄に飛んだ．

　沖縄県庁で，下地芳朗文化観光スポーツ部観光政策統括監（現琉球大学学長補佐兼
観光産業科学部長）に，携えてきた「沖縄の観光地における災害時の危機管理につい
て」と題したメモを渡し，趣旨を説明した．提案メモには，沖縄県内の観光地で想定
される災害と，災害発生時の観光客への対応の課題をリストアップしておいた．下地
統括監は，「かねてから仲井眞知事（当時）は，安全・安心な観光地であることが，
沖縄の国際競争上の優位につながると言っている．今回の震災を受けて，沖縄県とし
ても観光分野の防災・危機管理に関して具体的な動きを進めたいと思っていたので，
この話はタイムリーだ」と提案をきわめて好意的に評価してくださった．

　その後，何度かのやりとりを経て，「沖縄県観光危機管理モデル事業」が6月の県
補正予算で承認された．これがその後に続く沖縄県の観光危機管理事業の出発点と
なった．初年度の事業には，観光危機管理に関する市町村や観光関連事業者の現状調
査，行政や民間の観光関係者を対象とする危機管理啓発セミナー，県内数地域での災
害時の観光客対応モデルマニュアルづくり，観光客・観光関連事業者への危機情報提
供システム検討などが盛り込まれた．

1.6. 必要性の高まる観光危機管理

　観光危機管理の世界に入ったきっかけは東日本大震災だったが，日本の観光の現状
や将来について考えると，観光分野の防災・危機管理の必要性はより一層高まってき
ている．

　そのひとつの理由は，2011年当時とは比較にならないほど訪日外国人が増えたこ
とである．震災の前年2010年に861万人だった訪日外国人は，2017年に2,869万人
となった．政府は，東京オリンピック・パラリンピックの開かれる2020年までに訪
日外国人数を4,000万人にすることを目標に掲げている．これが実現すると，1日平
均約110万人の外国人旅行者が日本国内に滞在していることになる．これは，仙台市
や広島市の人口に匹敵する数だ．訪日外国人だけを考えても，観光分野の防災・危機
管理の対象となる規模は，ひとつの政令指定都市の防災計画に匹敵する．しかも，訪
日外国人は北海道の北端から沖縄県の南端までいろいろな場所にいるのだから，その
人たちを対象とする防災・危機管理はより一層困難度が高い．それに加えて，さらに
多くの日本人が国内の各地に旅行していることを考えると，日本で観光客・旅行者の
安全を守ることは，実に複雑で困難な仕事であることが想像できるだろう．

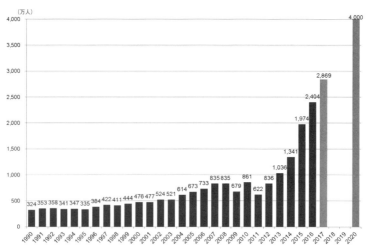

図 1.1　訪日外国人数の推移および想定（1990 年～2017 年，2020 年）
（日本政府観光局のデータをもとに作成）

　もうひとつの理由は，日本の経済・社会の観光への依存度が以前に比べて格段に上がってきていることである．少子高齢化・人口減少が進む日本で，観光は数少ない成長可能性の高い産業のひとつとして期待されている．それゆえに，災害や危機によって観光が停滞したり，観光客が急激に減少したりすれば，その地域の経済や社会に及ぶ影響はきわめて大きくなる．平成 28 年熊本地震でも観光産業への影響は甚大で，震源に近い熊本や大分はもとより，地震の揺れがそれほど大きくなかった長崎や鹿児島でさえも，万人単位の宿泊キャンセルや旅行の見合わせが発生し，観光関連事業者が倒産したり，従業員が解雇されたりという事態となった．

　このように観光が主要産業となった今日，観光危機管理を徹底することにより，災害や危機が発生し，あるいは風評による被害が発生したときでも，観光関連事業者の事業継続を図り，観光の復興を早めるための備えをしておくことが，従来に増して重要になってきたのである．

《 まとめ 》

- 「プーケット・アクション・プラン」の主な内容は，1）マーケティングと情報発信，2）被災地域の観光関連事業者の保護・救済，3）観光業従事者の人材育成，4）持続可能な観光の再開発，5）将来の災害に備えたリスク管理，である．
- 日本の観光の現状や将来を考えると，観光分野の防災・危機管理の必要性はより一層高まってきている．
- 外国人観光客の急速な増加と，日本の経済・社会の観光への依存度が以前に比べて格段に高まっていることが，観光危機管理の必要性の背景にある．

第2章 観光危機管理とは

2.1. 「観光危機」と「観光危機管理」の定義

これから観光危機管理について述べていくが，最初に本書で使う「観光危機」と「観光危機管理」ということばを定義しておこう．

> 「観光危機」
> 　災害・事故・事件等の発生や観光を取り巻く環境の急激な変化ならびにそれらに伴う風評[1]等により，観光客や観光関連産業[2]に甚大な負の影響が生じ，その発生から対応までを限られた時間と不確実な状況の下で意思決定[3]をしなければならない状況や事象．
>
> 「観光危機管理」
> 　観光客や観光関連産業に甚大な負の影響をもたらす観光危機を予め想定[4]し，被害を最小化[5]するための減災対策を行い，観光危機発生時における観光客への情報発信，避難誘導・安全確保，帰宅困難者対策等を予め計画[6]・訓練[7]し，危機発生時にはそれにもとづく迅速な対応[8]を的確に行うとともに，観光危機の風評対策，観光関連産業の早期復興[9]，事業継続支援等を組織的[10]に行うこと．

上の定義の中で，観光危機管理に特徴的なことばにアンダーラインを引いておいた．それを以下で補足説明する．

(1) **それらに伴う風評**

　危機や災害の発生に伴って，事実とは異なる，偏ったり誇張されたりした情報がしばしば発生し，拡散する．これが風評である．風評が発生すると，観光客はその地域への旅行を控えたり，予定されていた旅行予約をキャンセルしたりするため，危機や災害そのものによる被害よりも大きなマイナス影響（風評被害）が生じる．

(2) **観光客や観光関連産業**

　危機や災害は，その場に居合わせた観光客に人的被害や帰宅困難などの影響を与

えるだけでなく，危機や災害の発生した地域の観光関連事業者にも物理的な損害や，観光客の減少による売上の大幅減など経営上の影響を生じさせる．

(3) 限られた時間と不確実な状況の下で意思決定

　危機や災害が発生したときには，時間をかけて状況を確認したり，会議等を開いてさまざまな意見を聞いたりして意思決定を行う時間的余裕がない．限られた時間と情報で，より的確な判断と意思決定が求められる．

(4) 予め想定

　観光危機管理の基本は，その地域・事業に起こりうる観光危機を，可能な限り予め想定し，それらに対する対応を計画・準備しておくことである．想定外の危機が発生すると，それに対する対応は計画されていないので，意思決定に時間がかかったり，対応が不的確だったりするリスクが高くなる．その結果，観光客や観光関連産業への影響が拡大してしまう．また，想定よりも大きな規模の観光危機が発生した場合は，予め計画した対応方法では間に合わず，影響の拡大を抑えることができなくなることがある．起こりうる最大級の危機・災害想定にもとづいて危機対応を計画することが大切である．

(5) 被害を最小化

　台風や地震など自然災害の発生を止めることはできないが，予め対応の備えをしておくことにより危機や災害による影響や被害を小さくすることはできる．これが「減災」の基本的な考え方である．

(6) 予め計画

　危機や災害が発生したときの対応は，その場で考えようとしても，パニックになったり，情報が錯綜していたり，考える時間的余裕がなかったりする．平常時に想定される危機への対応を検討し，計画しておくこと．それにより迅速で的確な対応が可能になる．

(7) 訓練

　いくら完璧な計画やマニュアルがあっても，それが関係者に周知され訓練されていないと，いざ危機や災害が発生したときに迅速に対応できない．訓練は繰り返し実施して，やるべき対応をからだに覚えこませておくことが大切である．

(8) 迅速な対応

　計画しそれを訓練しておくことで，いざというときに迷ったり戸惑ったりすることなく，すぐに対応することができる．

(9) 観光関連産業の早期復興

　観光危機管理は，危機や災害の発生時に観光客や従業員の安全を確保するための初期対応だけでなく，危機後の観光関連産業の早期復興にも重点を置く．むしろ観光危機発生後のできるだけ早いタイミングから観光の復興計画の検討を始められるよう，体制を明確化しておくことが観光危機管理の要諦でもある．

8　　第**2**章　観光危機管理とは

(10) **組織的**

　　観光危機への対応は，行政機関や個々の事業者がそれぞれ単独で行っても，十分な効果に結びつかない．観光危機管理では，官民および関連する民間事業者同士が連携し，組織的な対応ができるよう計画し，訓練しておくことが重要である．

2.2. 観光危機管理の全体像

　　観光危機管理は，図2.1に示すように，観光危機の発生前から発生時，そして観光関連事業者の事業継続，観光復興に至る一連の流れである．したがって，観光危機管理計画は，このうちの危機対応（避難誘導，救護，安否確認等）のみならず，減災から観光復興に至る観光危機管理の全体を網羅する計画であることが求められる．

2.3. 観光危機管理の対象

　　観光危機の定義でも触れたように，観光危機管理の対象は，観光客・旅行者（その土地に居住，または勤務していない人で，危機の発生した地域に居合わせた人を含む）と観光関連産業である．ここでは，なぜ観光客と観光関連産業を危機管理の対象にするのかを説明しよう．

　　国内の自治体には地域防災計画等によって防災・危機管理の体制があるのだから，観光客も同じように地域防災計画で対応すればよいのではないか，という声を耳にすることがある．しかし，観光客は住民とさまざまな面でちがっているので，観光面に特化した危機管理が必要である．

　　観光客や旅行者は，その土地の出身者かリピーターでない限り，その土地に馴染みがなく，土地勘に乏しい．危機や災害が発生したとき，どの方向に向かって，どのような方法で避難したら安全かがわからない．住民であれば，豪雨で川が氾濫しそうだ

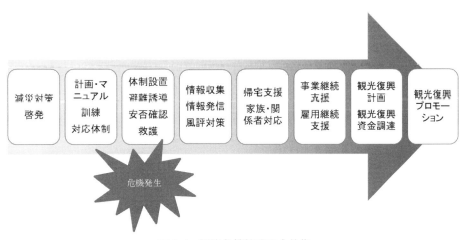

図2.1　観光危機管理の全体像

と聞けば，川の反対側の高台に避難するだろう．しかし，観光客はそもそもどちらに川が流れているのか，どの方向へ行けば高台なのか知らないだろうし，夜であればなおさら見当がつきにくい．しかも，旅行の同行者以外，周囲に知っている人はほとんどいないので，いざというときに，誰かがすぐに手伝ったり声を掛けてくれたりすることは期待できない．さらに住民との決定的なちがいは，事前に避難訓練などをして危機に備えておくことができないことである．そのうえ外国人観光客は，危険を知らせる警報や防災行政無線の放送，避難誘導のことばも理解できないだろう．災害や危機のとき，このように右も左もわからない観光客を，安全な場所に確実に誘導できるようにしておく必要があるのだ．

　当面の危機が収まったら，住民であれば「一日も早く自宅でいつも通りの生活をしたい」と思うだろう．ところが，観光客の「自宅」は，今いる観光地ではなく，遠く離れた旅行の出発地にある．外国人であれば，海の向こうの母国だ．それゆえに，旅行先で危機や災害に遭遇した観光客が少しでも早く自宅・自国に戻れるよう支援することも，観光危機管理の重要な要素となる．これもまた，住民を主な対象とする地域防災計画等では想定していないことである．

　観光客を対象とした危機管理の必要性を理解したら，次は，なぜ観光関連産業を観光危機管理の対象にするのかを説明しよう．ひとことで言うならば，観光関連産業は，危機管理を徹底しなければならないほど重要な産業だからだ．

　いまや旅行・観光関連産業は，世界のGDP総額の10％に貢献する世界有数の産業となっている．世界の雇用の11人に1人は，旅行・観光関連産業が提供している．日本でも，広い意味での観光関連産業で生計を立てている人の割合は増加してきているし，何よりも，政府は観光を成長戦略の重要な柱として位置づけている．

　災害や危機で被災した観光地の復興が遅れ，観光客がほとんど来なくなってしまったらどうなるだろうか？　その地域の観光関連企業は，次から次へと経営破たんし，従業員は職を失う．影響はその企業だけにとどまらない．たとえば，旅館が廃業すれば，そこに食材を納めていた流通業者は，大きな損失を被るだろうし，その先の生産者たちも，よい農水産物を買ってくれるお得意様を失うことになる．さらに職を失った従業員たちは，新たな職を求めて家族とともに別の土地に移っていってしまうだろう．こう考えると，観光関連産業の経営が行き詰まることで，地域の経済や社会全体に大きなマイナス影響が生じることがわかる．

　観光を危機から守り，危機の影響を低減し，危機に遭遇した場合でも，いち早く復興できるよう準備することは，地域の社会・経済のためにも重要なことである．観光関連産業の危機管理とは，その観光地のある地域社会全体の危機管理であるといっても過言ではない．

2.4. 観光危機管理の必要性

　日本において，観光関連事業者の防災・危機管理に対する取り組みは，業態や事業者間で差が大きい．航空や鉄道，旅客船など規模の大きい交通事業者は，安全のための設備投資を積極的に行い，事故やさまざまな危機・災害への対応をマニュアル化し，定期的な訓練を行っている．一方，同じ交通機関でも，中小企業の多いバスやタクシー業界では，安全に対する投資やマニュアル整備，従業員の防災・危機管理訓練などが十分にできない事業者もある．

　宿泊施設でも，マリオットやヒルトンのような世界的なホテルチェーンでは，世界共通の危機管理マニュアルを整え，危機管理の専任担当者を置き，従業員を教育・訓練している．一方で，小規模宿泊施設の多くは，消防の指導で作成する防火・防災計画と年2回の防火・避難訓練の実施がやっとという状況にある．

　行政の観光危機管理の対応は，ようやく緒に就いたばかりである．いまや全国のあらゆる自治体が観光を推進し，観光客誘致に取り組んでいるといっても言い過ぎでないが，観光客を公的な防災計画の対象として明文化している自治体はごく少数だ．

　都道府県や市町村では，通常，防災・危機管理を担当する部署と観光担当部署が対話をする機会は少なく，両部署の心理的距離は大きい．この距離感が，両部署の接点となる「観光危機管理」の取り組みが進んでこなかったひとつの大きな要因だろう．また，観光の防災・危機管理の必要性は感じつつも，役所の組織の中で観光客や観光産業の防災・危機管理を管轄する部署は防災なのか観光なのかが整理されず，結局どちらの部署も積極的に手を付けないままになっているケースも少なくない．

　また，観光危機への準備や対応は，行政と民間事業者が連携・協力して行うことがきわめて重要だが，官民連携の実態は十分とは言い難い．災害時，自治体の災害対策本部は建物や人的被害の情報をいち早く収集する．ところが，民間事業者が観光施設や観光地全体の被害や影響を行政機関に伝えようとしても，連絡体制が明確になっていないため，せっかくの情報が現場にとどまってしまうことが少なくない．災害により帰宅困難になった観光客への対応も，民間と行政が連携しないとスムーズに実施できない．

　地域が積極的に安全・安心な観光地づくりを進めるには，危機発生時に観光客の安全確保と観光関連事業者の事業継続をより確実に行うため，観光危機管理計画を導入して，行政・民間それぞれの役割や連携を明確化することが必要だ．

2.5. 観光BCP（事業継続計画）としての危機管理計画

　繰り返し述べたように，観光危機管理の対象のひとつは観光関連事業者である．災害や危機が発生したときに，観光関連事業者への被害や影響を低減し，可能な限り事業を継続し，観光地としてのサービス機能を維持し，また観光関連産業で働く従業員

たちの雇用を守ることができるよう，想定される危機・災害に対する対応を予め計画しておくのである．その意味で，観光危機管理計画とは，観光関連事業者や観光地の事業継続計画（BCP＝Business Continuity Plan）であるとも言える．

危機管理計画を作るときは，危機や災害で交通機関が不通になったり，停電したり，ガスや水道の供給が止まったり，食材の流通が滞ったりした場合に，どのように対応して営業を継続するか，もし一時的に休業しなければならないとしたら，一日も早く営業再開するために何をするかなどを検討しておく．

また，一時休業や利用者の予約取消，当日客の落ち込みなどで，売上が急激に減少した場合，事業継続に必要な運転資金（キャッシュフロー）をどのように確保するかも，事業者の危機管理の重要な要素である．キャッシュが不足して，支払いが滞ったり，従業員の給与の支払いができなくなったり，最悪の場合，手形が決済できずに不渡りになってしまったりすれば，まさに事業継続が危うくなりかねない．

従業員の雇用維持も事業継続の上では最重要課題のひとつだ．多くの観光関連事業者では，人件費が最大の経費項目になっている．したがって，一時休業や利用者の大幅な減少で売上が落ち込めば，すぐさま従業員の雇用が課題になってくる．経営が苦しいからと従業員を解雇すれば，雇用主としての責任が果たせなくなるだけでなく，いったん解雇した従業員は営業が再開してもなかなか戻って来てくれない．そのような場合に，人件費を抑えつつ，従業員の雇用を維持するための公的な助成や支援制度を予めリストアップしておき，いざというときにすぐにそれらの制度を活用できるようにすることも，BCPとしての危機管理計画の重要な要素である．

2.6. 地域防災計画等との関係

日本では，災害対策基本法にもとづき，国の防災基本計画，都道府県・市町村の地域防災計画が策定され，全国津々浦々まで防災や災害対応の仕組みが整っている．ところが，同法の第一条（目的）には，「この法律は，国土並びに国民の生命，身体及び財産を災害から保護する…」と書かれているため，それに基づく自治体の地域防災計画は住民を主な対象として作られている．裏返して言うと，災害対策基本法では，観光客や旅行者を防災の対象として明確に規定していないのである．そのため，同法に基づいて策定されている都道府県や市町村の地域防災計画のほとんどは，災害時の観光客の保護や支援，被災した観光関連産業の復興について具体的な規定がないのが実態だ．つまり，地域防災計画だけでは，観光客の安全を守りきることができない．

一方で，わが国の観光政策の基本となる観光立国推進基本法は，第二十二条に「国は，観光旅行の安全の確保を図るため，国内外の観光地における事故，災害等の発生の状況に関する情報の提供，観光旅行における事故の発生の防止等に必要な施策を講ずるものとする」と規定している．

これを根拠として，地域防災計画に観光客対応に関する条文を追加するか，新たに

観光危機管理計画を策定するなどの動きが広まることを期待する.

2.7. 観光危機管理の対象となりうる危機・災害

これまで「危機や災害」と表現してきたが,実際に観光客や観光関連産業に負の影響を与える危機や災害にはどのようなものがあるのか,ここで整理してみよう.危機や災害の整理の仕方はさまざまあるが,ここでは沖縄県観光危機管理基本計画にならって,次の5つに分類する.

(1) **自然災害**

地震,津波,台風,大雨,洪水,高潮,土砂災害,風害・竜巻,雪害・雪崩,異常高温・低温,火山噴火など

(2) **人的危機・災害**

ホテル等の大規模火災,大規模交通事故,鉄道・航空機・船舶事故,大規模停電,広範囲な通信障害,原子力災害,武力攻撃,テロ,ハイジャック,凶悪犯罪,デモ・暴動,政変による戒厳令施行など

(3) **健康危機**

大規模食中毒,感染症,新型インフルエンザ等,有毒生物等の異常発生など

(4) **環境危機**

大気汚染,海洋汚染など

(5) **地域外で発生する危機・災害**

地域への観光客に影響を与える地域外で発生した災害・危機,主要市場における急激な経済変動,主要市場とのアクセス交通機関の障害・不通,他国との外交摩擦・紛争など

このなかで,ピンときにくいのが(5)地域外で発生する危機・災害だろう.具体的に例を挙げてみよう.

2010年4月,アイスランドのエイヤフィヤトラヨークトル火山が噴火し,火山灰がヨーロッパ全体の上空を覆った.火山灰が航空機のエンジンに入るとエンジンを損傷し,飛行に大きな危険を伴うため,1週間以上にわたりヨーロッパ全域を発着する全便が欠航した.これにより,航空旅客がヨーロッパはもとより世界各地で足止めを食い,空港内で何日も寝泊りする事態となった.成田空港でもヨーロッパに帰る予定の外国人旅行者が数百名滞留した.火山が噴火したのはアイスランドだが,全世界の国で観光関連産業が大きな影響を被る結果となった.

もうひとつの例は,2001年9月の米国同時多発テロである.事件後,日本では国内線も含めて航空利用客が減少したが,米軍基地が多くある沖縄は次のテロの標的にされるのではないかとの風評が広がり,修学旅行をはじめとして何十万人もの観光客

が沖縄旅行をキャンセルし，沖縄県内には何らの危機や災害も発生していないにもかかわらず観光関連産業に甚大な被害が生じた．

　このように，その地域では危機や災害が発生していないのに，他の地域で発生した危機・災害によって影響を受けることがあるのが，観光危機のひとつの特徴である．

《 ま と め 》

観光危機管理とは

- ●観光危機管理の対象は，観光客・旅行者と観光関連産業．
- ●観光危機管理計画は，観光関連事業者や観光地域の事業継続計画（BCP）でもある．
- ●地域防災計画だけでは，観光客の安全を守りきることができない．
- ●観光危機管理の対象となりうる危機・災害は，
    1）自然災害
    2）人的危機・災害
    3）健康危機
    4）環境危機
    5）地域外で発生する危機・災害
  の5つに分類できる．

第3章 観光危機管理の4つのR

観光危機管理の基本となる要素は，Rで始まる4つの英語で表される．減災（Reduction），危機への備え（Readiness），危機への対応（Response），危機からの復興（Recovery）を総称して，観光危機管理の4Rと呼ぶ．

3.1. 減災（Reduction）

最初のRはReduction（減災）．「減災」は今日，世界の防災の取り組みの中で中心的な考え方で，二つの低減（reduction）要素を含んでいる．

一つ目は，危機の発生そのものを防止，抑制することである．たとえば，火災は普段から火気の安全な取り扱いに配慮すれば，かなり発生を防ぐことができるし，食中毒も調理場や調理スタッフの衛生管理を十分にしておけば，発生リスクを抑えることができる．

二つ目は，危機や災害そのものの発生を止めることができなくても，それによる負の影響を小さくすることである．たとえば，台風の上陸を止めることはできないが，台風に備えてガラスの破損を防止したり，観光客に外出を控えるよう案内したりすることはできる．地震の発生は止められないが，建物の耐震性を強化し，家具等の転倒防止策を施すことで，地震による人的被害を小さくすることができる．

減災をより確実にするためには，その地域や施設で起こりうる危機をできるだけ詳細に想定することが必要だ．危機の想定が不十分だと，その危機に伴うリスク低減のための対策を施すことができず，減災が難しくなる．また，減災のためには一定の費用や要員配置などが必要になることから，組織のトップに危機管理の重要さを啓蒙し，減災のために一定の経営資源や資金を投入することの必要性を認識させることが重要である．

そのような前提を踏まえながら，減災対策としてできることとして，施設などの耐震性，耐浪性を高めることや，台風など発生が予測できる危機や災害の際に，観光客への情報提供を確実に行い，外出を控える，旅行を早めに切り上げる，旅行を延期するなど，災害による影響を受けにくくするアドバイスをすることが挙げられる．

3.2. 危機への備え（Readiness）

　観光危機管理の目的は，危機や災害が発生したとき，あるいは発生する可能性が高くなったときに，観光客の安全を守りつつ，事業の継続を図る対応を確実に実施できるようにすることである．そのためには，平常時から，起こりうる危機を想定し，どのような危機のときに，誰がどのように行動するかを具体的に検討し，それをわかりやすい計画やマニュアルにしておくことが必要である．どんなに完璧な計画やマニュアルがあっても，それだけでは，いざというときにすばやく行動できない．計画やマニュアルにもとづいて普段から訓練を行っておくことが大切である．

　観光危機に対応するための計画やマニュアルには，どのようなことが書かれているとよいのだろうか？　詳しくは第5章で紹介するが，観光危機管理計画の主な内容は，次の通りである．

- ❯ 起こりうる危機と，それによって生じるリスクの想定
- ❯ 危機に対応するための体制（対策本部等）とその設置基準
- ❯ 危機発生時における各職員・従業員の役割
- ❯ 危機時に連携する関係機関リストと連携図
- ❯ 危機の発生が予想されるときの対応
- ❯ 危機発生直後（初動期）の対応
- ❯ 初期の状況がある程度収束した時点での対応
- ❯ 情報収集と情報発信，情報提供
- ❯ 被災したり帰宅困難となったりした観光客への支援
- ❯ 観光復興計画の策定・実施
- ❯ 危機後の観光関連事業者の事業継続支援
- ❯ 危機後の観光関連事業従業員の雇用継続支援

3.3. 危機への対応（Response）

　危機への対応とは，危機が発生したときや危機の発生リスクが迫っているときに，旅行者や観光客の安全を確保するとともに，危機による旅行者や観光客への影響を回避するために必要な行動をとることである．また，観光関連事業者ができる限り事業を継続できるようにするための行動も，「危機への対応」に含まれる．

　具体的には，危機が発生したとき，あるいは危機の発生が予想されるときに，

- ❶ 危機対応のための体制を立ち上げること
- ❷ 危機に関する情報を収集・把握して，現場での対応方針を判断すること
- ❸ 危機に直面した観光客を安全な場所に避難誘導するとともに安否確認を行うことが，危機対応の最初の段階である．
- ❹ 危機によって足止めを食い，帰宅困難になった観光客には，必要な情報を的

16 　第3章　観光危機管理の4つのR

確に提供し，早期に帰宅（帰国）できるようにするための支援を行う．

❺ 危機により死傷した旅行者とその家族・関係者への対応も，危機への対応の大切な要素である．また，

❻ 危機直後の地域内の観光関連事業者や交通機関への影響の現状をいち早く把握し，旅行市場や消費者に対して現地の状況を正確に情報発信することや風評への対応など，観光関連産業への危機の影響を最小化するための情報収集・情報発信の取り組みも，重要な危機への対応である．さらに，

❼ 危機によって被害を受けたり，客足が途絶えて売上が激減し，経営危機に陥る可能性のある観光関連事業者の事業継続支援と，

❽ その従業員の雇用維持のための取り組みや支援も，観光関連事業者の危機への対応として忘れてはならないものである．

3.4. 危機からの復興（Recovery）

PATA（太平洋アジア観光協会）は，危機からの復興を次のように定義している．「危機後，影響を受けた観光関連の組織や体制を元通りにすること．そして被災した観光地にできるだけ早く観光客が戻ってくるようにすること」

つまり，観光復興とは，危機後にいち早く観光インフラや観光施設，観光関連事業者の運営やサービス提供を通常に戻すことと，それと同時並行で，被災した観光地に観光客が戻ってくるよう，マーケティング・プロモーション活動を行うことが中心となる．

危機により被害を受けた観光インフラや施設をいち早く修復するためには，地域全体で観光分野の復興を優先するというコンセンサスや行政の指針が必要だ．また，ハードの修復には多額の資金がかかるので，その資金を調達する手立てが必要になる．ハードが復旧しても，施設の運営やそこでのサービスが元通りにならないと，せっかく来てくださった観光客が観光を楽しむことができない．危機後に売上が急減した観光関連事業者にとって，事業を継続するために運転資金などのサポートが必要になることがある．観光関連事業の回復には，ハードとソフトの両面が元通りになることが大切だ．

そして，復旧した観光地や観光施設に元通り観光客が来てくれないと，観光が復興したことにならない．観光客が戻らない限り，観光関連事業者の売上が戻らず，地域の観光による経済活動が回復しないからだ．危機の発生で影響を受けた観光地や観光施設に観光客を呼び戻すことは容易でない．観光客を取り戻す取り組みは，観光地のマーケティング活動をゼロからやり直すことにほぼ等しい．

効果的に観光を復興するには，地域全体で観光復興の計画を立て，その計画を地域と個々の事業者が連携して確実に実行していくことがポイントになる．日本では，都道府県，市町村，観光地，個々の事業者といくつかの層に分かれて観光振興を行って

いる．同じ市町村の中でも，市役所の観光課と市の観光協会があり，市内の観光地ごとの観光協会がそれぞれ観光誘致活動を行っている場合がある．個別の事業者の復興マーケティング活動と，地域全体の取り組みがバラバラだと，せっかくの観光復興の資金や努力が無駄になってしまいかねない．特に危機後の復興においては，地域全体がひとつになって取り組むことが大切である．

　これらの観光復興のマーケティング活動がタイムリーに実施できるかどうかは，必要な資金をいち早く調達できるかどうかにかかっている．特に行政の場合，年度予算にはない観光復興費用を手当てするために，補正予算や特別予算を議会に提案，審議，可決というステップを踏まなければならないことが多い．この手続きだけでかなりな日数を要することになるので，復興プロモーションが出遅れてしまいかねない．危機時の復興資金をどのように調達するか，予め検討しておくことが，早期の観光復興のために重要である．

3.5. 4R は循環するサイクル

　ここまで，観光危機管理の4つの要素について簡単に紹介してきたが，これら4つの要素は，それぞれ単独で計画・実施されるものでなく，相互につながったものである（図 3.1）．

　危機や災害を経験したり，他の地域で発生した危機や災害から，何を，どのようにしたら危機からの影響を小さくできるかを学ぶことで，減災として取り組むべきことが明確になる．

　危機への備えは，「危機への対応」への備えである．危機が発生したときに，素早く的確な対応が実行できるように，計画し，普段から訓練しておくのである．

　危機への対応を的確に行うことによって，危機からの回復がしやすくなり，早期の復興が可能となる．また計画にもとづいて実施した危機への対応を振り返ることで，危機への備えとして計画したことの中の改善すべき点が明らかになり，それは次の危機の際，より効果的な対応につながっていく．

　危機からの復興の過程では，特に被害を受けた観光インフラや施設等の復旧の際に，元あった通りに戻すのではなく，今後の危機に対してより強靭な構造となるような修復を行い，「減災」のレベルを上げることができる．

　つまり，4つの R は，相互につながっているだけではなく，危機の経験を経て循環しながらレベルアップしていく循環モデルなのである．

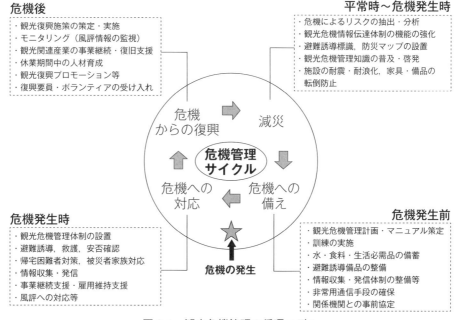

図3.1 観光危機管理の循環モデル

《 まとめ 》

観光危機管理の4つのR

- ●観光危機管理の基本となる要素は，減災（Reduction），危機への備え（Readiness），危機への対応（Response），危機からの復興（Recovery）の4つのRで構成される．
- ●「減災」とは，危機の発生そのものを防止・抑止するとともに，危機や災害による負の影響を小さくすること．
- ●「危機への備え」とは，想定される危機への対応を計画し，訓練しておくこと．
- ●「危機への対応」とは，危機発生時に観光客や旅行者の安全を確保し，観光関連事業者の事業継続を支援すること．
- ●「危機からの復興」とは，危機後，影響を受けた観光関連の組織や体制を元通りにし，観光地になるべく早く観光客が戻ってくるようにすること．

第4章 減災（Reduction）

観光分野にかかわらず，危機管理の第一歩は起こりうるあらゆる危機・災害とその影響を想定することである．第3章で述べたように，減災とは危機・災害の発生を抑止するとともに，それでも起きてしまう危機や，人の力では止められない自然災害が発生した場合の影響や被害を最小化することである．観光危機管理における減災への取り組みとは，その地域でどのような危機や災害が起こりうるか，それが観光客や観光関連産業にどのようなマイナス影響を与えるかを十分に想定し，それぞれの危機・災害について影響を軽減するための対策を検討し，いざというときすぐに実行できるようにしておくことである．

4.1. 起こりうる危機・災害の想定

自然災害に関しては，それぞれの地域の自治体が「地域防災計画」や「ハザードマップ」を作って公表しているので，想定は難しくないように思えるが，実はそう簡単にいかない．確かに，どのような災害が起こりうるか，その災害が起こったとき，地域のどの範囲が災害の影響を受けるかは，ハザードマップから読み取ることができる．ただし，観光危機管理では，その危機によって観光客や観光関連産業にどのような影響が出るかを具体的に検討してみる必要がある．

たとえば，普段あまり雪が降らない地域で大雪が降った場合，除雪の体制が整っていないので，道路や空港の除雪に時間がかかり，交通の混乱が長く続くことが予想される（図4.1）．観光客の乗ったバスや自家用車，レンタカーが，通行止めになった道路で立ち往生することもあるだろう．また，送電線への着雪で停電が発生し，それに伴って通信障害が起き，雪で孤立している地区に取り残された観光客との連絡が取れなくなることもある．

図4.1 徳島県山間部での大雪（国土交通省四国地方整備局）

観光への危機の影響を考える際，もうひとつ

重要なのは，その地域に最大何人の人がいるかの想定である．市町村の地域防災計画
や，それにもとづく各地区の避難誘導計画は，その地区の住民の数が基本になってい
る．人口数千人の地区でも，花火やお祭りのような観光客が集まるイベントのときに
は，何万人もの人が集まっていることがよくある．瞬間的に最大で何人がその地区に
いるかを想定し，最大の人数がいるときに危機・災害が発生したらどうするかを考え
ておかないと，せっかく危機管理計画を立てておいても，減災が十分に機能しなくな
る．

　起こりうる危機・災害と，それぞれの危機による影響を具体的に検討したら，最終
的に危機の総合評価を行い，どの危機・災害に優先的に取り組むかを決定する．この
ときの重要な評価尺度は，危機・災害の発生頻度・発生確率とその危機・災害が発生
した場合の影響の大きさである（p.22 総合評価マトリックス参照）．

危機・災害想定のポイント

１．どのような危機や災害が起こりうるかを想定する．

危機の種類	起こりうる危機・災害（以下は例）
自然災害	地震，津波，台風，大雨，洪水，高潮，土砂災害，風害・竜巻，雪害・雪崩，異常高温・低温，火山噴火など
人的危機・災害	ホテル等の大規模火災，大規模交通事故，鉄道・航空機・船舶事故，大規模停電，広範囲な通信障害，原子力災害，武力攻撃，テロ，ハイジャック，凶悪犯罪，デモ・暴動，政変による戒厳令施行など
健康危機	大規模食中毒，感染症，新型インフルエンザ等，有毒生物等の異常発生など
環境危機	大気汚染，海洋汚染など
地域外で発生する危機・災害	地域への観光客に影響を与える地域外で発生した災害・危機，主要市場における急激な経済変動，主要市場とのアクセス交通機関の障害・不通，他国との外交摩擦・紛争など

２．地区内に最も多いとき，何人の人がいるかを想定する．

どのようなときに	どこに	最大何人の人がいる
例）8月15日花火大会	○○湖周辺	5万人
例）夏休み中の土日，日中	△△海水浴場	3千人
例）大規模展示会開催時	××国際会議場内	2万5千人
例）ロックフェスティバル開催時	野外シアター	3万人

4.1. 起こりうる危機・災害の想定

3．観光客と観光産業にどのような影響が発生するかを想定する.

例：花火大会開催中に突然のゲリラ豪雨発生

危機により発生する事象	影響を受ける対象	どのような影響
花火大会の中断・中止	観光客	会場からの退出時の混乱
豪雨による道路や鉄道の冠水	日帰り観光客	道路や鉄道が不通になり，多数の帰宅困難者が発生
豪雨そのもの	観光客	全身びしょ濡れになり，寒さによる健康被害
豪雨による浸水	観光施設	浸水による被害
豪雨による土砂災害	観光客	人的被害
	観光施設	倒壊・損壊，土砂の流入

4．危機の総合評価と優先的に取り組む危機・災害を検討する.

総合評価には，下のようなマトリックスを利用するとよい.

	発生時の観光に対する影響の例		
	大きな影響	ある程度の影響	限定的な影響
高↑発生確率↓低	〈優先度 1〉	〈優先度 2〉 集中豪雨 台風	交通事故 食中毒
	〈優先度 2〉 感染症の流行	火山噴火警戒レベルの上昇	宿泊施設の倒産
	〈優先度 2〉 火山噴火 大地震・津波	町内での凶悪犯罪	

　この例では，発生確率は低いものの，発生すると大きな影響をもたらす可能性のある「感染症の流行」，「火山噴火」，「大地震・津波」と，発生確率は高く，発生するとある程度の影響が出る「集中豪雨」，「台風」に対する減災や危機管理の対応の優先度が高い.

4.2. 組織トップの観光危機管理への意識づけ

　観光危機管理の取り組みは，いつそれを発動する事態が発生するか，誰にもわからない．危機や災害が発生することなく一度も機能しなくて済むのであれば，それが一番よい状況であることは言うまでもない．それだけに，行政であれ企業であれ，組織として観光危機管理に取り組もうとすると，「それだけ人手やお金をかけてどのよう

な効果があるのか？」「効果がいつ現れるのかわからないようなことであれば，もっと他のことにお金や人手を割いた方がいい」という抵抗や反対意見が必ず出てくる．

たしかに，観光危機管理の投資対効果を数値で示せ，と言われたら，それはなかなか難しい．台風のように，毎年必ず発生する災害であれば，何もしなかった場合の影響と，危機管理を実施した場合の影響とを比べて，どれだけの投資によって，どれだけの影響が軽減できるかを計算すれば，比較的容易に投資対効果が計算できる．ところが大震災や大津波のように，100年先まで起こらないかもしれない災害の減災に取り組むことは，計算上は投資対効果が限りなくゼロということにもなりかねない．では，それゆえに，減災のために人手やお金をかけることは意味がないと押し切られてしまってよいのだろうか．

防災や危機管理への投資は，短期的に現実的な効果にまったくつながらないこともある．それでも万一危機・災害が発生した場合のことを考えて取り組みを進めなければならない．これは，自治体であれば政治的判断であるし，企業であれば経営判断に属する事柄になる．その判断ができるのは，組織のトップだ．

組織のトップに観光危機管理の重要性を理解させ，トップが先頭を切って観光危機管理を進めるような組織の空気を作っておけば，あとはものごとを進めやすい．減災の取り組みの中でも，初期投資にある程度まとまったお金が必要であるだけでなく，その後も運用で定期的にお金がかかることがある．トップの理解があれば，そうした運用や維持コストの予算化もしやすくなるだろう．

組織のトップの理解を得るためには，下のような資料やデータが有効である．

- 地域で起こりうる観光危機と災害
- それらの危機・災害が起こった場合に想定される観光客および地域内の観光関連産業に及ぶ影響（風評や観光地としてのイメージ低下も含む）
- 現時点での減災対策，防災・危機管理体制と，それで軽減できる影響
- 観光危機への対応を強化するために優先的に実施すべき事項
- 観光危機管理体制強化のために投下が必要な資源（資金・要員）

4.3. ハード面での減災（耐震，耐浪，避難施設）

地域として優先的に取り組むべき危機・災害が特定されたら，地域内の建造物や防災に関わる施設などで，危機・災害に対してどのような減災対策がなされているかを確認する．国や自治体が推進している建物の耐震診断は，そのひとつである．ちなみに，耐震改修促進法の改正法（平成25年施行）は，昭和56年5月以前に着工した，3階建て以上（体育館は階数1以上）で，延床面積5,000 m^{2}以上の，不特定多数の者が利用する大規模建築物に対して耐震診断を義務付けているが，観光客の安全を考えるのであれば，この基準に満たない規模の建築物についても耐震対策を検討すべきである．

建築物の耐浪性（波に対する強さ）については明確な基準がないが，海岸近くや津波が遡上する可能性のある川の流域にある観光関連施設については，地域の津波浸水想定やハザードマップと照らし合わせて，想定されうる最大の津波が来たとき，建物は津波に耐えられるか，どの階まで浸水するかなどを見ておくとよい．

津波の可能性がある地域では，避難場所，避難施設についても確認が必要だ．学校の体育館や公民館など，避難者がある程度の期間そこで仮生活できる施設が避難所に指定されている場合が多い．ところがこれらの避難所は，往々にして建物の１階にあったり平屋建てだったりして，津波からの避難場所としては必ずしも安全とは言い切れない．東日本大震災のときも，指定避難所に避難していて津波の犠牲になった人が少なくなかった．

さらに，雪害などが想定される寒冷地では，避難施設で暖房や防寒シートなどによる保温が可能かどうかもチェックしておくことが大切だ．

ハード面での減災対策の現状確認ができたら，優先すべきことは何か，それぞれの課題についてどのようにして対応を強化するのか，いつまでにするのか，そのための費用と資金調達など，観光分野だけでなく住民や地域全体の減災対策とあわせて，中長期的な減災計画を検討し，その計画にそって対策を実行していくことになる．

4.4. 観光客に危機と対応をどのように伝えるか

観光客を対象にする危機管理において重要なのは，危機・災害が発生したとき，あるいは発生可能性が高いときに，地域にいる観光客や旅行者に，危機の発生と，自分の安全を守るために何をすべきかを，できるだけ早く，かつ確実に伝えることだ．そのためには，**どのような危機・災害**が発生したら，**どこにいる観光客**に，**誰が**，**どのような方法**で，**何**を伝えるのかを検討し，準備しておくことが必要である．

観光客が団体で行動し，そこにガイドや添乗員，乗務員がついているのであれば，すぐにその場で安全確保のための行動を指示したり，安全な場所に避難誘導したりすることは難しくない．ガイドや添乗員，乗務員などをしっかり訓練しておけばよい．ところが，現在の観光客は，小グループや家族で個別に行動する個人旅行にシフトしてきている．移動や観光の際も，自家用車やレンタカーを利用することが多く，ガイドや添乗員，乗務員の誘導はまったく期待できない．外国人観光客でさえ，個人行動する人が増えてきた．

こうした個人行動の観光客に，どのように危機発生を伝え，安全確保の方法や避難場所などの情報を提供するかが今日の大きな課題になっている．スマートフォンやタブレット，通信機能のついたカーナビなど，個人に情報を伝える新たな手段も多様化し，便利になってきた．今日の情報・コミュニケーション技術（ICT）を利用すれば，危機情報を自動的に多言語に翻訳して，外国人観光客に提供することもさほど難しくなくなってきた．国の全国瞬時警報システムＪアラートと地域の防災行政無線や携

図 4.2　海抜表示（左，沖縄県）と避難誘導標識（右，宇和島市危機管理課提供）の例

帯電話との連携や，自治体単位で発信できるエリアメール等の活用を，それぞれの地域の実情に応じて具体的に検討してみてほしい．

　ICTを利用した情報提供以外にも，その土地に不案内な観光客・旅行者には，海抜表示や避難場所の誘導標識などが有効である．東日本大震災以降，海岸に近い地域の公共施設や観光関連施設周辺に海抜表示が増えてきた．津波に対する減災の意識が，全国的に高まったことの表れであり，すばらしいことだが，気になることがある．「海抜3m」という表示があれば，その場所には津波のリスクがあることが観光客にも伝わるが，それだけでは，どこに避難したら安全かがわからない．せっかく海抜表示を設置するのならば，いっしょに津波避難施設や高台の方向，そこまでの距離などの表示もつけておくと，初めて訪れた土地でも，どの方向に避難したらよいかわかりやすい（図4.2）．

4.5. 観光客への早期情報提供・帰宅奨励

　危機・災害が発生することが想定されるとき，観光客が人的被害を受けたり，帰宅困難になったりするリスクを低減する単純かつ有効な方法は，影響が想定される地域から観光客を予め退避させることである．台風や大雪，火山噴火などある程度予知や予報が可能な自然災害については，気象庁などから注意報・警報などが発表される．そのような情報が出た場合，現在地域内にいる観光客や，その地域への旅行を予定している人に，災害が発生する可能性が高いことと，災害が発生した場合のリスクを伝え，滞在予定を繰り上げて帰宅することや旅行の延期をアドバイスするのである．自治体や観光協会などがこのようなアドバイスをするのが効果的だが，同じ地域内でも場所によって予想される災害の影響に差があることや，早期帰宅を奨励した場合の事業者への経済的影響などを考えると，地域全体に対して早期帰宅を奨励することは難しい場合がある．そのようなときには，個々の事業者が自主的に判断して，自社のお客様に対して情報を提供し，必要な助言をすべきである．

　ここで重要なことは，注意報や警報などの情報に加えて，どのようなリスクが観光客に発生しうるかを確実に伝えることだ．たとえば，本州で生活している人は，台風

が接近していると聞いても，自分の台風の経験から，半日ぐらい暴風雨で動きが取れなくなっても，その後は「台風一過」でむしろ良い天気になるだろう，と考えるかもしれない．ところが，沖縄では，大型の台風が来れば，2日間以上暴風雨圏にとどまり，その間，ホテルから一歩も出ることができず，県内の交通機関は運休，航空便も全便欠航になることが少なくない．台風通過後，航空便が運航を再開しても，予約は搭乗予定便が欠航になった時点で消えてしまうので，空港で空席待ちの列に並んで搭乗できる便を延々と待たなければならない．こうしたリスクが伝われば，滞在中の観光客の多くは，日程を繰り上げてでも早期の帰宅を選択するだろうし，それによって観光客に対する台風による影響は軽減できる．

　早期帰宅を奨励する情報提供に関しては，観光客が早期帰宅すると観光関連事業者の売上が落ちるから，積極的になれないという声もあるが，利用客や従業員の安全を守るためのやむを得ない機会損失と考えるべきである．そのうえで，安全のために早期に帰宅されたお客様には，もう一度来ていただけるよう営業面で働きかけるのが本筋だろう．

　このように観光客・旅行者に対して，災害や危機，それに伴うリスクの情報を確実に伝えるためには，行政，観光協会等，宿泊事業者，観光施設，交通機関等がそれぞれどのようなチャネルや媒体を使って，どのような情報を提供するか，予め計画しておく必要がある．また，ホテルで見た情報と，観光協会のサイトで見た情報とがちがっていて，どちらを信用したらよいのか判断に迷った，などという事態が起こらないように，提供する情報の一元化についても検討が必要である．

　さらに，早期帰宅を選択した観光客がスムーズに帰宅できるように，交通機関等と連携して早期帰宅者の予約変更手続きをしやすくしたり，変更手数料の免除，早期帰宅のための臨時便の増発等を行うことも重要だ．

4.6. 観光施設の防災レベル評価

　宿泊施設などの観光施設の防災レベルを評価し，評価結果を公表することによって，観光施設の災害や危機への取り組みを促進しようという動きが，国際機関や民間団体の間で広がり始めている．

　ホテルの施設やサービスレベルを評価し，星の数で表すことは世界的に広く行われ，旅行者がホテルを選択する際，星の数は重要な決定要素になっている．そのため，ホテル等の経営者は，より多くの星を獲得し，より多くの宿泊客に，より高価格で利用してもらえるようにするため，施設の充実やサービスの向上に努力し，必要な投資を行っている．このように，サービス評価はホテ

図4.3　適マーク
　　　（総務省消防庁）

ルのイメージや誘客に密接に結びついており，サービス向上のインセンティブとして働いているのである．

ところが，観光施設の防災や危機管理に関して，これまで客観的な評価制度やそれを発表する仕組みがなかった．日本では，防火安全に関する基準に適合した宿泊施設に「適マーク」が交付されるが（図4.3），地震や暴風雨，津波など，火災以外の災害や危機に対する評価制度はない．防災レベルの評価制度が普及し，それが公表されるようになれば，旅行者はサービス評価と同様に災害に対する安全レベルをホテル選択の参考にするようになるだろう．そうなれば，ホテルの経営者にとって防災レベルを上げて星の数を増やすことは，営業につながる効果的な投資となり，今まで以上に防災に積極的に取り組むことが期待できる．

減災の事例　沖縄のリゾートホテルの特徴

海外の観光危機管理の専門家を沖縄に案内すると，一様に驚かれることがある．多くのリゾートホテルが，海岸のすぐ前ではなく，海岸から少し上がった高台に立地しているからだ．立地している場所は，海抜10〜30 mの硬い岩盤の上などであるため，ビーチのすぐ前にあるホテルに比べて地震や津波，台風の高波などの影響を受けにくい．しかも客室の位置が高いので，海の眺めはかえってよい．

もともと，ホテルの立地している場所の地形のために，ビーチフロントに建物を建設することが難しかったという事情があったのかもしれないが，結果的に自然災害の減災面にすぐれたホテルとなっている（図4.4）．

減災の事例　フロリダ州におけるハリケーン接近時の退避命令

アメリカ・フロリダ州の最大の自然災害リスクは，ハリケーンである．何年かごとに猛烈なハリケーンが上陸し，地域に甚大な被害をもたらす．

そうした経験を踏まえて，フロリダ州では強いハリケーンが接近すると，海岸近くなど人的被害が予想される地域に緊急事態を宣言し，その地域からの退避命令が出される．これは日本の避難勧告・避難指示よりも強制力が強く，退避命令が出された地域を警察が巡回し，住民であれ観光客であれ，地域内にとどまっている人をみつければ，即座に地域外への退去を命じる．それでも退去を拒む人は，『私は退避命令を受

図4.4　高台に建つ沖縄のホテル（左・中）とビーチ前に立地する海外のホテル（右）

けたが，リスクを理解した上で，自己責任でこの場にとどまる」という趣旨の書類に署名をし，警察に提出することを求められるのだ．ここまで徹底してやれば，どんなに強く大きなハリケーンが来襲しようとも，観光客への人的被害はかなり低減できるだろう．

このような退避命令が出た場合，観光客は命令に従って滞在中のホテルを退去し，退避命令の出されていない安全な地域に移動して，そこで別のホテルを探すことになる．ところが同時に何万人もの観光客が安全な地域をめざして一斉に移動するので，移動経路上のホテルはみな満室になってしまう．フロリダ州では，各地域の観光協会やビジターズ・ビューローなどが，退避命令の出ていない地区のホテルの空室状況を集約し，主要道路の道路情報掲示板等を使って，避難する観光客に空室情報を提供することによって，避難を支援するのである．

さらに，こうした状況になると安全な地域にあるホテルは，とりあえず今晩の部屋が必要な退避してきた観光客に対して「売り手市場」になり，宿泊料金の「便乗値上げ」が発生しがちだが，フロリダ州では州法により緊急事態宣言発出時に通常料金（直前の30日間の平均価格）を上回る宿泊料金を取ることを厳しく禁止している．

単に退避命令を徹底するだけでなく，そうして退避せざるを得なかった観光客に，安心して安全に旅行を続けられるようなフォローの仕組みが，州を挙げてできている．まさに観光危機管理の先進地である．

減災の事例　バリ島の津波避難誘導標識

インドネシアは，2003年バリ島で起きた爆弾テロ，2004年スマトラ沖地震とそれに伴う大津波など，これまでにさまざまな観光危機を経験している．そうしたなかで，インドネシア最大の観光地であるバリ島では，バリ・ホテル協会が中心となって，"Tsunami Ready"という津波対策の取り組みを進めている．

この取り組みでは，観光客の多い南部のリゾートエリアに，統一デザインの津波避難誘導標識が設置され，大地震が発生したときや津波警報が発令されたときに，どの方向へ避難したらよいかを示している．標識は，ビーチなどの屋外だけでなく，ホテ

図 4.5　バリ島，ビーチの避難誘導標識（左），ホテル内の避難誘導標識（右）

ル内の通路や階段にも設置されている（図4.5）．これによって，観光客は，同じデザインの標識を順にたどっていくことによって，たとえ誘導スタッフがいなくても，津波から逃れられる高さの場所まで確実にたどり着くことができる．

また，「津波避難のヒント」というチラシを観光客に提供し，災害への備えを啓発している．

《 ま と め 》

減災

- ●観光危機管理の第一歩は，起こりうるあらゆる危機・災害と，その影響を想定すること．
- ●起こりうる危機・災害の総合評価を行い，優先的に取り組むものを決定する．
- ●地域として優先的に取り組む危機・災害が特定されたら，観光関連の建築物や施設のハード面の減災対応を確認する．
- ●観光客が人的被害を受けたり，帰宅困難になったりするリスクを低減する単純かつ有効な方法は，影響が予想される地域から観光客を予め退避させること．
- ●観光施設の防災レベルを評価し，評価結果を公表することによって，観光施設の災害や危機への取り組みを促進しようとする動きが広がり始めている．

4.6. 観光施設の防災レベル評価

第5章 危機への備え（Readiness）

　この章で説明する「危機への備え」とは，第6章で紹介する「危機への対応」がすぐに確実に実施できるように，危機を想定し，危機対応のための計画を作り，訓練を行っておくこと，すなわち「危機への対応」の準備である．

　これまでの「防災」の取り組みの多くは，この「危機への備え」と「危機への対応」が中心となっており，すでにさまざまな計画やマニュアルが作られ，会議やセミナーが開かれ，訓練が実施されてきた．その点からみると，日本におけるさまざまな防災への取り組みは，危機・災害への備えに関する世界のベストプラクティスのひとつである．実際，それらの成果は，東日本大震災などの防災対応において発揮され，多くの人の命を災害から守り救ってきた．

　しかし，観光面の危機管理という視点でみると，まだまだ不十分なこと，あるいはほとんど手のついていない課題も少なくない．2014年の御嶽山の噴火では，登山者57名が死亡，6名が行方不明，69名が負傷するという人的被害が発生し，さらに周辺の観光地では噴火による直接的な影響がないにもかかわらず，風評による観光客の予約キャンセルや噴火後の観光客の大幅な減少など，地域全体で大きな経済的被害を被った．また，2015年の箱根大涌谷の噴火警戒レベル引き上げの際は，立ち入り規制された範囲から相当離れている箱根町の他の地域や，隣町にある湯河原温泉にまで宿泊予約のキャンセル等の影響が出た．

　こうしたことから考えると，観光危機への備えは，観光客の安全を守るためにも，また観光関連産業や観光地の社会・経済を危機や災害の影響から守るためにも，必要性が高いことを理解していただけるだろう．

5.1. 観光危機管理計画・事業継続計画（BCP）の策定

　危機に対する備えの基本は，危機管理計画や事業継続計画（BCP＝Business Continuity Plan）を作ることである．どのような危機・災害が発生したとき，どのような体制で，誰が，何をして，観光客の安全を確保するのか？　どのような情報を，どこから，どのような方法で収集し，それを誰が取りまとめ，誰に対して，どのように

情報提供するのか？　危機や災害で帰宅困難になった観光客を，どのようにして1日も早く帰宅できるようにするのか？　このようなことを，一つひとつ検討し，関係する組織や担当者と話し合い，具体的に決めていくことで危機管理計画やマニュアルができあがる．

　こうしてできあがった計画は価値のあるものだが，それ以上に大切なのは，計画づくりの過程において，危機・災害対応にかかわるさまざまな関係者と話し合い，計画の具体案を検討していくことである．「いざとなったら，その場でなんとかなるよ」という楽観的な現場任せの計画では，いざとなったら，どうしていいか判断できなくなるし，何かやろうとしても，別の人はちがう動きをしてしまうかもしれない．危機や災害の観光に与える影響や，それらへの対応上の課題などを関係者で共有し，対応策やそれぞれの役割について話し合い，結論を文字にしていくという，着実で具体的な作業の積み重ねが，地域や事業者全体の観光危機管理に関する意識と知識を高めるのだ．

　観光危機管理計画は，それ自体で起こりうる観光危機に関するあらゆることを網羅する総合的な計画である必要はない．もちろん，そのような完璧な計画があることが理想的だが，そのためにはかなり長い時間と多くの労力を要する．10年かけて計画を作っているうちに危機が発生してしまい，計画が完成していなかったために十分な対応ができなかった，ということでは本末転倒である．そうならないために優先度の高い危機から順に，既存の計画やマニュアルでは十分に対応しきれない部分を中心に，具体的な対応計画やマニュアルを整え，その範囲を順次拡大・整備して積み上げていけばよい．

　自治体であれば，既存の地域防災計画や国民保護計画，健康危機管理に関する計画などに観光として必要な要素を加えたのでもよい．観光関連事業者であれば，消防計画や緊急対応マニュアル，事業継続計画に，火災以外の危機・災害での対応のしかたや，危機発生時の情報収集・発信など，既存のマニュアルには規定していないことを検討して書き加えれば，観光危機への備えのレベルをかなり高めることができる．

5.2. 観光危機管理計画の構成

　観光危機管理計画やマニュアルには，どのようなことが書かれていればよいのだろうか．都道府県や政令指定都市の観光危機管理計画と観光施設の緊急対応マニュアルでは，その位置づけも，対象者も，使い方もかなりちがっているだろう．

　とはいえ，どのような観光危機管理計画やマニュアルであっても，おおむね共通する内容（目次）は，次のようなものである．これをもとに，それぞれの組織にとって必要なものを選択するとよい．また，行政機関などで観光危機管理計画を作る場合は，計画の趣旨や目的などを記載した「総則」や，他の法令・計画等との関連などが加わることになるだろう．

① 減災に関すること
- 想定される危機・災害とその影響
- 想定される危機・災害の発生を低減するための施策
- 危機・災害が発生した場合の影響を低減するための施策
- 観光客への早期の情報提供と早期帰宅奨励

② 危機対応の組織体制に関すること
- 平常時と危機発生時の危機管理体制・対策本部
- 危機管理対応の責任者とその役割
- 危機管理体制設置・危機対応開始の判断基準

③ 危機時のコミュニケーション（情報の収集と発信）
- 危機に関する情報の収集と発信
- 情報ハブとしてのコミュニケーション責任者
- 情報発信の事前準備
- 非常用通信手段

④ 危機・災害発生時の事業継続【主に事業者】
- 営業の継続・中止の判断
- 運転資金・現金の確保
- 従業員への対応，雇用維持
- 顧客や事業パートナーへの情報提供

⑤ 避難誘導計画
- 避難誘導の対象者
- 避難誘導の担当者と役割
- 危機・災害に応じた避難誘導先
- 避難の方法
- 避難場所での対応
- 安否確認

⑥ 訓練の実施
- 危機・災害対応訓練（民民／官民連携）
- 運用訓練・図上訓練

⑦ 関係機関や地域との連携と事前協定
- 連携できる行政機関，民間団体，事業者，地域
- 関係機関・担当者の緊急連絡リスト

⑧ 水・食料・防寒具・日用品の備蓄
- 自治体が準備する備蓄
- 事業者が準備する備蓄

⑨ 緊急持ち出し品のリスト

⑩ 復興に関すること

⑪ 用語集

例：沖縄県観光危機管理基本計画の構成

第 1 章　総則
1．計画の目的
2．計画の性格

32 | 第**5**章　危機への備え（Readiness）

3．沖縄観光の危機管理上の課題と観光危機管理の必要性

4．「観光危機」及び「観光危機管理」の定義

5．想定する観光危機

6．基本方針

 (1)　平常時の減災対策（Reduction）

 (2)　危機対応への準備（Readiness）

 (3)　危機への対応（Response）

 (4)　危機からの回復（Recovery）

7．計画の効果的な実現

第2章　観光危機管理体制

1．観光危機管理体制の整備

 (1)　平常時

 (2)　観光危機発生時

2．配備職員の参集基準等

3．観光危機管理体制設置の判断基準等

 (1)　判断基準

 (2)　設置方法

4．沖縄県地域防災計画などの既存計画等に基づく体制との関係

第3章　平常時の減災対策（Reduction）

1．観光危機情報を迅速かつ確実に発信する伝達体制の整備や，観光関連施設の耐震化促進等の安全・安心・快適な観光地づくり

2．避難誘導標識，海抜表示，防災マップの設置促進等による安全対策の充実・強化

3．地域住民や観光関連団体・事業者等への観光危機管理対策に関する知識及び役割等の普及・啓発，指導者等の育成

第4章　危機対応への準備（Readiness）

1．市町村やOCVB＊，観光関連団体・事業者における観光危機管理計画等・マニュアル・事業継続計画の策定促進，観光施設等における危機対応・避難誘導訓練の実施（＊沖縄観光コンベンションビューロー）

2．観光客や観光関連事業者に迅速かつ確実な観光危機情報等を提供するための体制強化

3．要支援観光客への対応・支援体制の強化

4．観光客にも配慮した避難施設，資機材，食料・飲料水などの備蓄の充実・強化

第5章　危機への対応（Response）

1．観光危機の状況及び推移等に応じた観光危機管理体制の設置

2．迅速かつ確実な観光危機情報の収集・共有・発信，通信手段の確保等の活動体制の強化

3．観光客の安全かつ確実な避難誘導・安否確認

4．帰宅困難者対策，被災した観光客の関係者への対応

5．被災した観光客に対する救助・救急・医療活動等の連携強化

6．避難した観光客への食料・飲料水及び生活必需品などの備蓄の調達と供給

7．観光危機や観光産業への影響に関する正確な情報収集・発信等による風評被害対策

第6章　危機からの回復（Recovery）

1．観光危機後の観光誘客及び観光産業の早期復興・事業継続に向けた体制の設置

2．観光産業の早期復興を図るための施策等の企画・実施，国内・海外の関係機関との連携強化

3．観光危機後の観光産業の早期復興に向けたプロモーション活動等の実施

4．観光危機後の国内・海外への戦略的な情報発信等による風評被害対策

5．観光産業の早期復興・事業継続を図るための緊急融資支援等の実施

6．観光危機により甚大な影響を受けた観光産業の雇用継続支援の実施

第7章　計画の効果的な実現

1．実行計画の策定

2．計画の進捗管理，見直し

5.3. 組織の危機管理体制・対策本部

　危機や災害が発生したとき，あるいは発生が予想されるとき，その事態に迅速かつ組織的に対応するためには，危機管理の体制を予め決めておくことが必要である．危機が起こってから，「この場合は，誰が責任者？　誰が，何を担当して，どのようなことをするのか？」などと議論していたら，危機対応で大切な初動の数時間を無駄にしてしまうし，対応の遅れによって被害が拡大することにもなりかねない．

　一般的に観光危機管理計画では，次のようなことを予め決めておくべきである．

① 危機の種類やレベルに応じた危機管理体制（表5.1）

　観光客や事業に影響を及ぼす危機や災害が発生すれば，「対策本部」などの危機管理体制をすぐに立ち上げることが組織として求められる．とはいえ，ホテル内でお客様が転んでケガをしたとか，梅雨時に大雨注意報が出た程度の，比較的影響度が低い事故や気象予報のたびに「対策本部」を設置していたのでは，通常の業務が回らなくなってしまう．危機や災害の種類や危機のレベルに応じた複数のレベルの危機管理体制を決めておき，状況に応じて体制を立ち上げるようにするのが現実的

表 5.1　危機の種類やレベルに応じた体制の例（沖縄県観光危機管理基本計画）

体制	設置基準	責任者	スタッフ
対策本部	観光危機により観光客の生命，身体に重大な被害が生じ，若しくは生じるおそれのある場合，又は，観光産業の事業継続に重大な支障が生じ，若しくは生じるおそれのある場合	文化観光スポーツ部長	関係課課長
警戒本部	観光危機が発生し，又は発生するおそれがある場合	観光政策統括監	関係課副参事等
準備体制	観光危機の状況及び推移等によっては，観光客及び観光産業に甚大な被害をもたらし，警戒本部又は対策本部を設置した対応が必要となる可能性がある場合		観光担当課職員

である（p.37 参照）.

② **危機管理体制の責任者**

　危機発生時に，組織としての意思を即断・即決し，組織全体を指揮・監督することが危機管理体制の責任者の役割である．したがって，その役割が果たせる立場の人を責任者にすることが大切だ.

　現場からはるかに遠いところにいる組織のトップが責任者になると，その場の状況を的確に把握して迅速に判断することが難しい．宿泊施設などでは総支配人，行政機関では観光部長・課長など，現業のトップを責任者にするとよい．すでに消防計画などで対策本部長を定めている場合は，その他の危機における体制でもその人を責任者にするのが原則だ.

　危機はいつ発生するかわからない．責任者が不在のときに危機が発生した場合に備えて，責任者の権限を委譲できる代理者を複数決めておく．危機の種類によっては，責任者が出先から戻ることができなくなることもある．その場合，代理者が現場での判断・指揮を行い，必要に応じて責任者と情報共有する．現場にいない責任者とのやりとりに時間がかかり，対応が遅れるなどの事態を未然に防ぐことが大切だ.

③ **危機管理体制のメンバーとその役割**

　危機管理体制の構成を検討するときは，危機対応に必要な機能にもとづき，どのようなメンバーを体制に入れるかを明確にしておく必要がある.

　危機管理体制に必要な機能は，概ね以下の通り.

- 情報収集・情報管理・情報発信
- 避難誘導・救護・安否確認
- 帰宅困難者対応

5.3. 組織の危機管理体制・対策本部　35

- 被害状況確認・施設管理，補修
- 食料・備蓄品管理，配布
- 資金管理・資金調達
- 復興計画，実施
- 関係機関対応

危機は，要員体制の薄い休日や夜間にも起こりうる．その場合，限られた要員でどのように危機への初動対応を行うか，その後の対応に必要な要員をどのように招集するかなども予め検討し，マニュアル等に記載しておくことが必要である．

④ 対策本部等の設置場所

観光危機管理の司令塔となる対策本部等は，危機や災害の影響が少なく，停電時でも非常用電源と，外部との通信が確保されうる場所に設置すべきである．津波や洪水による浸水の可能性がある建物であれば，浸水の影響の少ない上層階に設置するか，別のより安全な建物に非常時の対策本部の設置場所を確保しておくとよい．
対策本部等を設置する場所には，電源や非常用通信，LANやインターネットに接続するネットワーク回線を予め配備しておくことで，体制が設置されたらすぐに緊急時の業務を始めることができる．

5.4. 「指揮者」としての対策本部長

対策本部など危機管理体制のトップを誰にするかは，危機事態において，迅速かつ的確に機能できるかどうかを左右する．
対策本部長（危機管理体制のトップ）に求められるのは，組織の「指揮者」の役割である．具体的には，次のような役割が期待される．

- ❯ 危機管理体制（対策本部等）の設置・廃止を判断する．
- ❯ 危機管理体制のメンバーを招集する．
- ❯ メンバーに担当業務・役割を割り当てる．
- ❯ 危機の推移状況，観光客・観光関連産業への影響を把握し，それにもとづきメンバーに危機への対応を指示する．
- ❯ 必要に応じて，連携する機関・団体等に危機対応の協力を要請する．
- ❯ 危機対応に必要な資金と要員を確保する．
- ❯ 危機への初期対応が一段落したら，復興に向けた実行計画の策定を指示する．

このような役割が期待されている対策本部長には，どのような人が適任だろうか？　求められる条件は次の通り．

- ❯ 組織全体や連携機関等の業務・機能を十分把握している人
- ❯ 危機管理に関する基本的な知識や理解を身につけている人
- ❯ 組織のトップ（自治体の首長，団体の会長・理事長，企業の社長等）から危機対

応に関する判断を任せてもらえる立場の人

❯ 的確な状況把握と判断を自分で迅速に行える人

❯ 自分自身が危機対応の現場の具体的な業務に携わらず，本部長の職務に専念できる人

❯ リーダーシップの発揮できる人

　一般的には，組織全体の幹部で観光分野の責任者（自治体の観光部長等）や，現場の責任者（ホテルの総支配人）などが，上の条件の多くを満たし，本部長として適任である．しかしながら，さまざまな理由で，組織のトップ（首長，社長等）を本部長とするケースもある．組織のトップが本部長であれば，重要事項に関する判断がその場で行える一方で，対策本部以外の業務や対応にもかかわらざるを得ないことから，本部に常駐して迅速な対応を指揮することが難しいというデメリットもある．そうした場合には，本部長の下に実務トップとして「副本部長」等を置き，この人が実質的に組織の指揮をとるのがよいだろう．

5.5. 危機管理体制設置・危機対応開始の判断基準

　危機が発生し，観光客や観光産業への影響が予想される場合に，迅速に適切なレベルの危機管理体制を立ち上げるためには，「危機評価シート」を作っておくとよい．評価シートでは，危機の状況や危機によって発生しているリスクを点数化し，どの点数になれば，どのレベルの体制を設置するかを定めておく．こうすることで，判断する人にかかわらず体制の設置に関する判断に一貫性ができ，判断に迷ったり躊躇したりすることで，対応が遅れるという事態を防ぐことができる．危機管理体制の設置後も，一定時間ごとにその時点での危機のレベルを再評価することにより，危機状況の変化に応じてより高い（または低い）レベルの体制に移行することができる．

危機評価シートの例

① 台風（都道府県）

評価基準	評価レベル	評点	点数
25 m/s 以上の暴風域に入ることが予想される地域の範囲	県内全域	2	
	県内の一部地域	1	
県内に発表されている注意報・警報	特別警報	8	
	警報	2	
交通への影響	県内主要交通機関が運転見合わせ	4	
	県内主要道路が通行止め	3	
	県内交通機関で徐行・間引き運転	2	
	県内主要道路で通行規制	1	
		合計	

- 合計が 8 点以上の場合は，対策本部を設置する．
- 合計が 4 点以上の場合は，警戒本部を設置する．
- いずれかに該当する場合は，準備体制を設置する．

② 地震（都道府県）

評価基準	評価レベル	評点	点数
県内で観測された最大震度	震度 6 弱以上	8	
	震度 5 強	6	
	震度 5 弱	4	
	震度 4 以下	0	
観光客の人的被害	死者・行方不明者の発生	4	
	けが人の発生	2	
交通への影響	県内主要交通機関が運転見合わせ	4	
	県内主要道路が通行止め	3	
	県内交通機関で徐行・間引き運転	2	
	県内主要道路で通行規制	1	
		合計	

- 合計が 8 点以上の場合は，対策本部を設置する．
- 合計が 4 点以上の場合は，警戒本部を設置する．
- いずれかに該当する場合は，準備体制を設置する．

③　台風（宿泊施設）

評価基準	評価レベル	評点	点数
地域に発表されている 注意報・警報	特別警報	8	
	警報	2	
交通への影響	主要アクセス交通機関が運転見合わせ	4	
	または主要アクセス道路が通行止め		
宿泊客の人的被害	死者・行方不明者の発生	8	
	けが人の発生	4	
施設への被害	宿泊客の館外避難が必要な程度の被害	8	
	営業に支障が出る程度の被害	4	
	営業継続に問題ない程度の被害	2	
		合計	

- 合計が 8 点以上の場合は，対策本部を設置する．
- 合計が 4 点以上の場合は，警戒本部を設置する．
- いずれかに該当する場合は，準備体制を設置する．

④　地震（宿泊施設）

評価基準	評価レベル	評点	点数
県内で観測された最大震度	震度 6 弱以上	8	
	震度 5 強	6	
	震度 5 弱	4	
	震度 4 以下	0	
交通への影響	主要アクセス交通機関が運転見合わせ	4	
	または主要アクセス道路が通行止め		
宿泊客の人的被害	死者・行方不明者の発生	8	
	けが人の発生	4	
施設への被害	宿泊客の館外避難が必要な程度の被害	8	
	営業に支障が出る程度の被害	4	
	営業継続に問題ない程度の被害	2	
		合計	

- 合計が 8 点以上の場合は，対策本部を設置する．
- 合計が 4 点以上の場合は，警戒本部を設置する．
- いずれかに該当する場合は，準備体制を設置する．

　これらの危機評価シートは，あくまでも一般的な例なので，実際に評価シートを作成するときには，それぞれの地域や施設の状況を反映させたものにすること．

5.5. 危機管理体制設置・危機対応開始の判断基準

5.6. 事前意思決定

　事前意思決定は，「危機への備え」のカギである．危機・災害が発生すると，危機対応にあたる人たちは，混乱し，情報が錯綜する状況下で，さまざまなことを即座に的確に判断していかなければならない．ふだん冷静で判断力のある人でも，次から次へと変わる状況，新たに入って来る情報，これまで経験したことのない事態に直面すると，判断に迷ったり，不適切な判断や指示をしたりしてしまうことがあるだろう．

　事前意思決定とは，危機・災害時に起こりうることや状況で，どのような判断が求められるかを想定し，そのとき，どう対応するのが一番よいかを，危機が発生していない平常時にしっかり検討し，計画やマニュアルに落とし込んでおくことである．

　最近，防災に関わる会議や文書の中に，'Proactive Decision Making'（災害や危機が起こる前の意思決定）ということばをよく見かける．この対極が，'Reactive Decision Making'（事が起きてから後，それへの対応的に行う意思決定）であり，Reactive では迅速で的確な意思決定は難しいというのが一般的である．

　2011 年の東日本大震災時に，東北の太平洋岸を営業運転していた JR の列車のうち 5 本が津波に流されたが，乗客は全員無事だった．乗務員が，地震や津波のときにどう対応するかを，普段から検討し訓練を行っていたので，実際に大地震が列車を襲ったときにも，それぞれの場所において最善の判断と乗客の誘導ができたからである．Proactive な意思決定がマニュアルに落とし込まれていたので，その場にいた乗務員が迷うことなく的確な判断を行うことができた結果だ．

表 5.2　事前（Proactive）意思決定と事後の（Reactive）意思決定

	事前（Proactive）意思決定	事後の（Reactive）意思決定
意思決定の時期	危機が発生する前に，想定される判断事項に対する意思決定を行い，マニュアル化しておく．	危機が発生してから，その場での状況に応じて，その都度，判断・意思決定を行う．
判断者による相違	意思決定者が誰であっても，意思決定がブレない．	意思決定者によって，意思決定が異なる場合がある．
意思決定に要する時間	事前意思決定にもとづき短時間で意思決定が可能．	意思決定に時間がかかることがある．
未経験状況での判断	意思決定者が経験したことのない事態でも，的確な意思決定ができる．	意思決定者が経験したことのない事態では，意思決定を躊躇したり，誤った判断を行ったりするリスクがある．

40　　第5章　危機への備え（Readiness）

5.7. 危機情報の収集と発信とその系統

　観光危機対応において，正確な情報をいち早く収集し，必要な情報を必要としている人に迅速に発信することは，観光客や観光関連事業者の不要な混乱を防ぎ，風評を抑止するという点で，観光への危機の影響を軽減するためにきわめて重要である．そのためには，危機・災害時にどのような情報を，どこから，どのような方法で収集し，収集した情報を誰に，どのような方法で発信するかを予め検討し，準備しておく必要がある．

　では，危機・災害時に，誰が，どのような情報を必要としているか，表5.3にまとめてみた（詳しくは，第6章「危機情報・営業継続情報の発信」(p.66) を参照）．

　この他にも，観光関連事業者の従業員，地域の観光協会，業界団体など観光に関わる多くの団体や個人が必要としている情報は多岐にわたる．この表をもとに，地域や事業者ごとに，誰が，どのような情報を必要としているかを整理するとよい．

　誰が，どのような情報を必要とするかがわかったら，今度はそれらの情報を，どこから，どのようにして収集するか検討する．自然災害の状況や推移であれば，気象庁や警察・消防などが発表する情報を，報道やインターネットを通じて入手するのが，早く正確性も高い．一方，個別の観光地域の状況や，その地域内の観光施設や観光関連事業者の詳細な被害状況は，マスメディア経由で入手することが難しい．警察や消防には，危機・災害による被害状況や死傷者に関する情報が集まるが，大きな被害を免れ営業を継続しているホテルがどこにあるかなどは，警察や消防ではほとんどわからない．だからといって，個別の事業者に「被害状況はどうですか？　営業は継続していますか？」などと情報確認の連絡が次から次へとひっきりなしに入ってきたら，

表5.3　誰が，どんな情報を必要としているか

誰が ＼ どんな情報	危機の推移・想定と現状	観光客の安否	観光客の避難場所	交通の状況	利用可能な通信方法	ライフラインの状況	観光施設の被害状況	事業者の営業継続状況
観光客・旅行者	○		○	○	○	○		○
観光関連事業者	○	○	○	○	○	○	○	○
観光客の家族・関係者	○	○	○	○	○		○	
行政（防災・観光）	○	○	○	○	○		○	○
警察・消防	○	○	○	○			○	
旅行会社	○	○	○	○	○	○	○	○
メディア・マスコミ	○	○	○	○		○	○	○
在日外国公館	○	○	○	○			○	

事業者は肝心かなめの現場対応に人手が回らなくなってしまう.

　予め情報収集と情報発信の流れ（系統図）を決めておけば，このような現場の混乱は少しでも緩和できる（図 5.1）．たとえば，危機が発生した地域の観光施設は，被害状況や営業継続の状況などを地域の観光協会に連絡し，観光協会は集約した情報をコールセンターやウェブサイトを通じて提供することを，危機管理マニュアルに明記しておく．そうすれば，自治体が管内の観光事業者の被害や営業継続状況を把握する必要があるときには，何百もの観光事業者に問い合わせることなく，観光協会のウェブサイトを見るか電話をするだけで，必要な情報が入手できる．また，こうすることで，危機対応で忙しい現場の手を止めることが避けられる．

　ここで留意すべきは，平常時であれば難なく入手できる情報が，危機・災害の発生時には容易に入手できなくなることだ．普段であれば，テレビや電話等を通じて収集できる情報でも，停電でテレビが使えなかったり，非常時の発信規制がかかり電話が使えなかったりするために，情報を入手したり，発信したりすることができなくなる．だから，情報の収集や提供について検討するときには，平常時の通信手段が使えない場合に，どのような代替の通信方法が利用可能かもあわせて考えておくとよい．

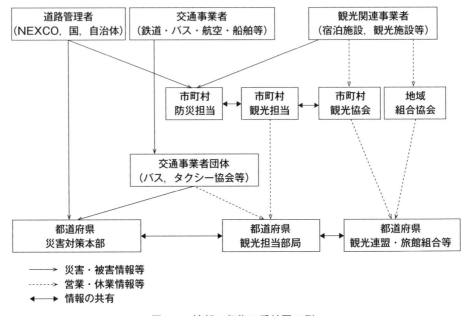

図 5.1　情報の収集の系統図の例

5.8. 情報ハブとしてのコミュニケーション責任者

　危機・災害の発生時には，さまざまな情報が関係者間で飛び交い，情報を整理することが困難になりがちだ．そうした混乱した状況のもとで，情報収集・発信を迅速，的確かつ効果的に実施するためには，各組織における危機時のコミュニケーション責任者を1人に絞り，危機管理体制図の中で明確にしておくことである（図5.2）．

　あらゆる情報をコミュニケーション責任者に集中させ，対外的な情報発信の唯一の窓口とすることで，情報が集まりやすく，発信する情報の首尾一貫性が保たれる．コミュニケーション責任者は，いわば，危機時の「情報ハブ」の役割が期待されるのである．

　コミュニケーション責任者を誰にするかは，危機管理計画やマニュアルで予め定めておき，危機対応が必要な場面ですぐに動き出し，迅速に対応できるようにしておく必要がある．コミュニケーション責任者は組織のトップ（市町村長，会長，社長等）である必要はない．実務のトップクラスの人（副市町村長，総務部長，事務局長等）や広報・対外交渉の責任者（広報室長等）に担ってもらう方が，情報の収集・集約がスムーズだ．

　また，コミュニケーション責任者は，その業務に専任できる人を選定しておくことが原則である．いろいろな役割を兼務していると，情報発信のタイミングを逃してしまったり，せっかく収集した有益な情報が整理されないまま埋もれてしまったりする可能性があり，それが不正確な情報の発信や，ひいては風評につながるからだ．

　コミュニケーション責任者に関してもうひとつ大切なことは，本人のコミュニケーションスキルだ．マスコミのカメラの前や，記者発表等で話をする際の，話し方，声のトーン，表情，ボディーランゲージは，話されることばそのものよりも受け手の記憶に残る．危機対応訓練等の際，コミュニケーション責任者によるプレス対応なども

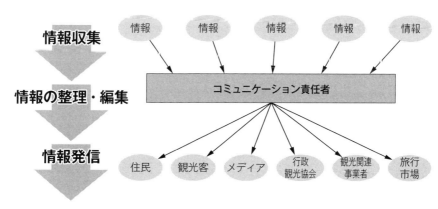

図5.2　コミュニケーション責任者

メニューに入れて練習しておくと，いざというときに受け手が信頼し，安心できるような印象で話せるようになり，効果的なコミュニケーションができる.

5.9. 情報発信テンプレートとダークサイト

　危機・災害の発生時は，混乱の中でさまざまな情報が飛び交い，組織の内外から情報を求める声が錯綜する．このような状況のもとで，情報を確実に収集し，必要十分な情報を迅速に提供できるようにするには，どのような危機の際，どのような情報の収集・発信が必要であるかを予め検討し，「情報発信テンプレート」を作っておくとよい．テンプレートには，危機状況に応じた情報発信の原稿の枠組みを作っておき，収集すべき情報の部分をブランクにする．情報収集の担当者は，ブランクになっている情報の収集に集中すればいいので，効率的に収集作業が進められる．また，収集した情報を取りまとめて発表用の原稿を作成する担当者も，テンプレートのブランクに入手した情報を入れれば発表原稿がほぼできあがるので，どのような内容で発表したらよいか悩む必要はなく，原稿作成も短時間でできる.

　危機・災害時には，インターネットでの情報発信が有効だが，危機対応にあわただしい状況下で，情報発信のためのウェブページを新たに作ることは難しい．そのため，航空会社など突発的事故発生のリスクがある企業や，世界の先進的な観光協会等では，「ダークサイト」と呼ばれる緊急時の情報発信用サイトを予め制作しておき，危機発生時にトップページを切り替えて，すぐに関係者に情報発信ができる仕組みを取り入れている．ダークサイトも，情報発信テンプレートと同様に提供すべき情報の欄がブランクになっており，危機発生時には収集した情報でブランクを埋めれば，そのままウェブサイトにアップできる.

情報発信テンプレートの例：地震・津波の場合（市町村・観光協会用　発生後24時間）

〇〇で地震・津波，交通機関・観光施設に被害

△△県〇〇市，〇〇市観光協会

観光危機対策本部

住所，電話番号，メールアドレス

［　　月　　日，　時　　分－△△県〇〇市］

　［　　月　　日，　時　　分］，△△県でマグニチュード［　　］の強い地震が発生し，当市では震度［　　］の揺れを観測しました．

　気象庁によると，地震の震源は［地域］から［東／西／南／北］へ［　　］km，深さは［　　］km です．

　△△県に出されていた大津波警報は［　　月　　日，　時　　分］に解除されました．

市内各地で観測された津波の到達時刻ならびに海面からの高さは次の通りです．

［　　］地区：［　m］，［　　］地区：［　m］，［　　］地区：［　m］，［　　］地区：［　m］

　大津波警報の解除に伴い，市内に出されていた避難指示・避難勧告も解除されました．

　被災された皆様に心からのお見舞いを申し上げますとともに，亡くなられた方々及びそのご家族の皆様に心よりお悔やみ申し上げます．〇〇市は，この危機を乗り越えるため，あらゆる手を尽くす所存です．

　当市では，地震発生後ただちに市長を本部長とする災害対策本部を設置し，〇〇市地域防災計画に基づき必要な対応を行っております．

　我々の第一目標は，人々の安全を確保することです．現在，市内各地の避難場所にて被災した方々の安否確認を続けております．

　消防・警察からの情報によると，〇〇市内で亡くなった人［　　］名，けがをした人［　　］名が確認されています．けがをした人の中には，［　　］からの旅行者［　　］人も含まれています．

　現在，△△県とともに各国の大使館・領事館と連携を取り，各国出身の旅行者に関する情報の収集，および被災，避難された旅行者の救護と確認に努めています．

5.9. 情報発信テンプレートとダークサイト

市内のホテル・観光関連施設等の被害状況は以下の通りです.

施設名	被害状況	営業状況
Aホテル	1階フロント, レストランが浸水. 2階以上は浸水被害なし. 停電中	停電が回復するまで臨時休業
Bホテル	大きな被害なし. 宴会場で避難者を受け入れ.	宿泊, レストランは営業. 宴会のみ休業.
Cホテル	1階および2階の一部が大きく損傷	休業
D水族館	1階および地下1階が浸水. 水槽の一部が破損. 来場者は全員避難.	当面の間休業
E会議場	会議場のガラスが破損. 展示棟は1階部分および地下の機械室が浸水.	月　日まで休館. それ以降の営業は被害調査結果による.

　△△県では県内にいらっしゃる観光客・旅行者の皆様が, 一日も早く無事にご帰宅・ご帰国できるよう, ご帰宅・ご帰国に向けた方策を検討中です.

　また, 現在当市内で帰宅を待っていらっしゃる観光客・旅行者の皆様には, 市内のホテル・宿泊施設が特別料金で宿泊を提供しています. ご希望の方は各ホテルまたは, ○○市観光協会特設コールセンター(0xxx-xx-xxxx)にご連絡ください.

注)地震・津波による被害や停電のため, 通常の宿泊サービスや食事の提供ができない場合があります.

　地震により交通機関に[大きな／一部]影響が出ています. 主な影響は以下の通りです.

〈航空〉

△△空港:滑走路が津波で浸水し, 空港は閉鎖されています.

　　　　そのため△△空港を発着する便は全便欠航しています.

　　　　現在, 空港施設の被害状況の確認中で, 空港再開の時期は未定です.

〈鉄道〉

　県内のJR各線, 私鉄各線は, 全線で運転を見合わせ, 線路および鉄道施設の安全を確認しています.

〈道路〉

□□自動車道　地震によるのり面の崩落等のため, 一般車両は全線で通行止めとなっています.

国道xx号　　津波による浸水のため, 各地で通行が規制されています.

国道yy号　　○○トンネル内崩落のため, 通行できなくなっています.

　当市内でも, 津波による瓦礫等で, 多くの道路が通行できない状態です.

　その他の県内の主要道路でも地震・津波の被害のため, 各地で通行が規制されています.

〈路線バス〉

　当市内の路線バスは，全線で運休しています．

長距離バス，高速バス　□□自動車道経由の高速バスは，全便運休しています．

　　　　　　　　　　　その他の長距離バスは，通行の安全が確認できた路線から

　　　　　　　　　　　順次運転を再開します．（詳細は各バス会社にご確認ください

　　　　　　　　　　　い）

〈船舶〉

　津波発生により沖合に避難したフェリー・旅客船は，全船無事であることが確認されました．

　○○港は，津波によりフェリー埠頭の一部施設が破損したため，車両の乗下船ができなくなっています．そのため，○○〜××間のフェリーは，旅客のみ利用可能です．

　　　　　　　　　　　　　　○○市長　××××／○○市観光協会長　××××

　○○市／○○市観光協会は明日の［　　時］までに本情報の更新を行います．ただし，緊急にお知らせすべき情報が入った場合はその都度更新を行います．

5.10. 観光危機管理計画作成のポイント

　観光危機管理計画や観光危機への対応マニュアルづくりは，次のようなステップで進める．

ステップ1　計画策定チームの設置
ステップ2　計画の策定
ステップ3　危機管理計画にもとづく訓練
ステップ4　計画の評価と修正

それぞれのステップの留意点は，以下の通り．

ステップ1　計画策定チームの設置

① 計画策定チームの編成

　観光危機管理は，観光の担当や防災の担当だけが考えればよいというものではない．それだけでは，計画が実際に動かないのだ．したがって，策定チームは組織内の関係する部署と組織外の関係者の混成チームとするとよい．

自治体であれば，このような部署や関係者が策定チームに入ることになる．

- 観光
- 防災・危機管理
- 医療・保健
- 建築・土木
- 商工・産業
- 消防
- 観光協会・観光連盟
- 地域内の観光関連団体・事業者

企業であれば，このような部署が参画することが望ましい．

- 防災・リスク管理
- 施設・店舗管理
- 総務・人事・労務
- 財務・経理
- 購買
- 運営（ホテルの場合は，宿泊，宴会，料飲等）
- 営業
- 広報
- 経営企画　など

② **組織的な承認**

　観光危機管理計画を策定することについて組織的な承認を得ておこう．立案・稟議という方法もあるだろうし，組織トップが承認・決裁するという方法でもよい．観光危機管理は，組織内外のさまざま部署にかかわる計画であるだけに，組織的な承認を得て，各部署がその意義を理解して積極的に参画できるようにしておくことが，スムーズな計画策定には大切だ．

③ **計画策定チームの結成**

　組織的な承認が得られたら，さっそく策定作業に入れるよう，関係する各部署・組織から策定に携わる担当者を任命する．任命された策定担当者には，チームにおける役割や担当する部分を確実に伝えておこう．観光危機管理計画は最終的にはチーム全員の合意で策定されることになるが，幅広い計画の素案全体を1人の担当者がすべて関係先と調整して準備することは容易ではない．したがって，危機事象ごとに，あるいは危機のフェーズごとに担当者を指名して，分業することを勧める．

④ 計画の目的の共有

　計画チームが結成されたら，最初に観光危機管理計画の目的や必要性について，チームメンバー全員で共有する機会を持つとよい．計画チームは，多様な組織の人々で構成されているので，初めから全員が同じ認識や方向性を持っているとは限らない．むしろ，そのようなことはほぼ期待できないのが現実だ．自治体の保健医療の担当者は，自分の仕事が観光危機管理に関係するなどと思ったことがないだろうし，観光関連企業の人事・労務担当者も，災害で被災し長期休業せざるを得ないときの従業員の雇用をどのように維持するかについて，具体的に検討したことはないかもしれない．

　それゆえに，観光危機により発生する各部署のリスクと，それらを想定し，対応を予め検討しておく観光危機管理計画の必要性や目的を，計画チームひとりひとりが認識し，自分の問題として計画づくりに参画できるようにしておくことが重要なのだ．

ステップ2　計画の策定

① 計画策定の範囲（スコープ）を定める

　どのような自治体や事業者にも，既存の地域防災計画や危機管理計画，緊急時対応マニュアルなどがあるはずだ．観光危機管理計画や対応マニュアルがカバーすべき内容と，これら既存の計画やマニュアルとの間には，必ずと言っていいほど重なる部分がある．重なった部分に関して，観光危機管理計画に既存計画と違う対応を記載すると，いざというとき，現場はどちらの計画に従って行動したらよいかわからなくなり，混乱や対応の遅れが生じかねない．

　観光危機管理計画やマニュアルを作るときは，まず関連する既存計画やマニュアルにどのようなことが記載されているのかを確認しよう．そのうえで，重なっている内容について，1）既存計画に従って対応することとし，観光危機管理計画には具体的な対応を記載しない，2）既存計画の記述内容では具体性が不足する場合，観光危機管理計画で具体的な対応策を提示する，3）既存計画の記述内容では，観光客・観光産業への対応として不十分であったり，不適切であったりする場合，既存計画の記載を変更するか，既存計画に「観光危機管理計画で対応」と記載する，など判断する．

　それによって，観光危機管理計画策定チームで検討・決定すべきことは何か，何については検討の対象外とするかがより明確になる．

② スケジュールの作成

　観光危機管理計画は，さまざまな組織にかかわるため，計画づくりの過程で多くの関係者と多岐にわたる検討や調整が必要になる．あることを決めようとしたら，

5.10. 観光危機管理計画作成のポイント　　49

その前提となる事がらについて確認し，調整しなければならない場合がよくある．たとえば，危機発生時の観光客の避難誘導について計画するには，誘導を担当する職員の配置や勤務シフト，さらには避難誘導中の職員が死傷した場合の補償などについて，人事・労務担当者と十分に検討し，確認する必要があるだろう．

それゆえに，計画づくりのスケジュールは，いつまでに，何を検討・調整するのか，そのためには，何を事前に調べておかなければならないかなど，計画づくりにかかわる個々の作業の着地点と期限を決めて，「後ろから」追い上げるようにスケジュールを作成しておくと，作業の手戻りや思いもよらぬ停滞などを防ぐことができる．

③　現状の把握

担当者とスケジュールが決まったら，計画素案を作る前に，観光危機への対応に関して現状がどのようになっているか，どのような課題があるかなど，関係者へのヒアリングなどを通して正確に把握しておくことが大切だ．現状の把握の過程で，防災計画やマニュアルには記載されていないけれど，「現場の知恵・経験」として実践されている危機対応策が見つかることもある．また，ある事業者では課題とされていることが，別の事業者では解決されていることもある．そうしたものは，計画の中で一般化して広めていけばよい．

その一方で，現状把握の結果，既存の計画や制度に規定されている危機対応の方策が，観光分野の時代の変化に対応できていないケースなども見えてくるだろう．たとえば，10年前に作られた計画やマニュアルでは，外国人観光客はまだ例外的な存在だったので，言葉や文化などのちがいへの配慮が十分なされていないことは十分考えられるが，この先，訪日外国人観光客が3千万人，4千万人へと増えていく流れの中では，外国人観光客の安全を守るための取り組みは，必要不可欠なものとなる．現状把握を通じて浮き彫りになった既存計画等の課題への解決策を，観光危機管理計画づくりの中に盛り込んでいけばよいのである．

④　計画素案の作成

現状を把握し，課題が明確になったら，いよいよ計画素案の作成に入る．素案は「①計画策定の範囲」を踏まえ，前出の「5.2. 観光危機管理計画の構成」を参考にしつつ，計画の目次を作り，それをさらに細分化し，より具体化していくと作りやすい．それぞれの危機対応案は，第6章（危機への対応）を参考にしつつ，計画の対象となる地域や事業にあてはめて検討する．

素案をゼロから検討する必要はない．これまでにある防災計画やマニュアルなどで利用できる部分はどんどん利用すべきだ．そのうえで，既存計画等を見直す必要のあるものと，新たに追加すべきものに限って計画案を検討すればよいのである．

⑤ **計画素案の関係機関との調整**

　計画素案ができあがったら，その内容に関係する組織や部署などに素案を提示し，その計画内容が実施できるかどうかを確認し，必要に応じて素案の内容の調整を行う．いくら理想的な計画内容であっても，それが必要なときに実行できないのでは意味がない．

　既存計画の見直しや新たな追加項目に関して，関係機関は，素案の内容が実行困難であるさまざまな理由を挙げて「抵抗」してくるかもしれない．人がいない，予算がない，ノウハウがない，今までのやり方と違う，権限がない，現場まで浸透できない，等々．それらはよくある反応なので，あまり心配することはない．観光危機管理計画の目的・必要性から丁寧に説明し，それらを理解していることを確認した上で，では，どのようにしたら「難しい理由」を解消できるか，一緒に考えていけばよいのだ．大事なことは，関係機関と対立的な立場で議論せずに，両者が目指していること，ベクトルは同じ方向であることを確かめつつ，同じゴールに向かって一緒に解決策を探るという姿勢だ．

⑥ **計画案の確定と組織決定**

　関係機関・部署との何度かの調整を経てまとまった計画案は，もう一度全体を俯瞰し，計画全体に一貫性があるか，各項目の記述内容に矛盾や齟齬がないかどうかを確認し，微調整を行って最終案とする．

　最終案は，組織内の意思決定プロセスを経て，組織決定する．自治体の場合は，パブリックコメントなどの手続きを踏む場合もあるし，企業では経営会議等の会議体で審議・決定されることもあるだろう．面倒なように思うかもしれないが，こうしたプロセスを経ることで，より多くのキーパーソンに計画の内容を知ってもらうことができると考えてはどうだろうか．

⑦ **計画の周知・広報**

　計画が組織決定されたら，できるだけ多くの人に計画の意味と内容を知ってもらうために，組織の内外に発表し，関係者に周知することが大切だ．自治体の場合，マスコミに発表したり，広報誌に掲載したりするなどのほか，関係者や住民を対象に計画の説明会やセミナーなどを開催するとよい．その際に，文字の多い計画本文はとっつきにくいので，図表やイラストなどでわかりやすく表現した「計画概要版」を作成・配布するのも有効だ．

ステップ3　危機管理計画にもとづく訓練

　計画が策定されたら，できるだけ早い機会にその計画にもとづいて訓練を行う．訓練時に策定された計画を実行してみると，計画の内容が本当に妥当か，有効か，

不足している点がないかなどが確認される.

　訓練は，必ずしも大がかりな避難訓練である必要はない．後段にも記載してあるが，図上シミュレーション訓練や連絡体制の運用訓練なども計画の実効性の確認のためにきわめて有効である.

ステップ4　計画の評価と修正

　訓練や実際の危機対応場面で危機管理計画を実行して，スムーズに運用できない箇所，判断に迷った箇所などが見つかれば，できるだけ早い機会に計画を見直し，不都合箇所の修正を行うべきである．そのためには，計画の中に「計画の見直し・改訂」に関する項目を入れておくと，それを根拠に必要な都度，きめ細かく改訂することができる.

5.11. 非常用通信手段

　危機や災害が発生すると，普段使っている通信手段が使えなくなることがある．災害で通信施設が被害を受けて通信障害が発生する場合や，災害や危機の発生後に多くの人が互いの安否確認をするなどして通信量が急増したために，自動的に発信規制がかかる場合などだ．いずれの場合も，数時間から数日にわたって携帯電話や固定電話がつながらなかったり，電子メールの着信まで非常に時間がかかったりするので，危機発生直後の情報収集や関係機関等との連絡に大きな支障が出る.

　被災して死傷者が出たり，道路の途絶や浸水で孤立した場合，消防や警察にその場の状況が伝えられないと救助活動が遅れてしまうことがある．東日本大震災の際も，津波で孤立した多くの建物に避難した人が取り残されていたにもかかわらず，通信の途絶のために，どの建物に人がいるかを救助隊が把握できず，せっかく全国から駆け付けた何機もの救助ヘリが，出動できずに基地で待機するという状況が発生した.

　通常の通信手段が使えなくなった場合を想定して，非常用通信手段を確保しておくことは，危機管理上きわめて重要だ．非常用通信の方法としては，次のようなものがある.

① 　一般の電話回線に発信規制がかかったときでも発信ができる緊急連絡用回線
　　※通信会社への申請が必要
② 　衛星携帯電話
③ 　通信可能な防災行政無線，消防無線（消防団に設置）
④ 　アマチュア無線，トランシーバー，船舶無線
⑤ 　JR電話，企業内専用回線などの専用通信回線
⑥ 　タクシー無線（基地局が機能していれば，周囲が停電中でも車載器は使える）
⑦ 　TwitterやFacebook，LINEなどのSNS（Wi-Fiなどのインターネット接続が可能な場合）

これらの非常用通信手段は，地域防災計画等にもとづいて防災担当部署等が確保している場合があるので，組織内で確認してみるとよい．

非常用通信手段を確保したら，そのことを組織内に周知し，緊急時に必要な人が利用できるようにしておく．

5.12. 危機・災害対応訓練（民民／官民連携）

東日本大震災後，被災地の人々を対象に「地震・津波発生時，どのような行動をしたか」を調査した結果から明らかになったのは，「いざというときには，やった（訓練した）ことしかできなかった」ということであったという．

どのように完璧な危機対応計画を作っても，訓練して身につけない限り，計画内容は実行できない．航空会社は，さまざまな危機リスクに直面する可能性があるが，どのような事態が起こっても確実に対応できるよう，従業員に繰り返し訓練を行い，危機対応を徹底的に身につけさせる．「当社では，社員の筋肉が学ぶまで訓練を繰り返す．頭で学んだだけではいざというとき実行できるとは限らないが，筋肉が覚えれば確実に実行できる．」とカンタス航空のリスク管理責任者は語った．（p.60「筋肉が記憶するまで」訓練する航空会社）

したがって，観光危機管理計画やマニュアルを策定したら，その内容を実際に訓練して，いつ危機が発生しても，すぐに対応できるようにしておかなければならない．そうでなければ，その計画は宝の持ち腐れになってしまう．

従来，防災訓練では，主にそれぞれの組織や施設における避難訓練や消防訓練を実施してきた．観光危機管理においても，危機発生時に観光客を安全な場所に避難誘導する訓練はもちろん大切だが，複数の民間事業者や，行政と民間が連携して訓練を行うことの重要性も意識すべきである．たとえば，ビーチリゾートで大地震が発生し津波警報が出されたとき，ビーチにいる観光客を避難誘導する最適な場所は，ビーチに近いホテルや民間の建物の上層階であることが少なくない．そのような内容の危機対応計画であれば，ビーチを管理する組織（自治体またはその指定管理者等）と避難場所になりうるホテルや民間事業者とが連携して，ビーチの観光客を建物の非常階段等を使って上層階に誘導する訓練をしておく必要がある．誰が，どのようにして，観光客をビーチから最寄りの避難先の建物の階段まで誘導するのか，その建物にたどり着いた多数の観光客を，どのようにしたら混乱なく階段を利用して上層階まで上げられるのかなど，訓練を通じて身につけるべきことは多い．

また，訓練は計画やマニュアルの内容が実行可能かどうかを確かめたり，課題を見出したりする絶好の機会でもある．たとえば，上の例でいえば，せっかくスムーズにビーチからの避難者を非常階段で建物の上層階まで誘導できても，いざ建物内に入ろうとしたら，非常口が施錠されていて外側から入ることができないことに訓練で気が付くかもしれない．そうであれば，地震・津波の避難時に非常口を通じて建物の中に

入れるようにするか，それがどうしても不可能ならば，別の場所に避難誘導するように計画を見直すことができる．

訓練は，シナリオ通りできたと，「100点満点」を取ることよりも，実際に訓練をしてみて計画通りにいかない部分を見つけ出し，それを計画の改善につなげることのほうが，より意義が大きいのである．

5.13. 図上シミュレーション訓練

避難訓練などと同様に重要で効果があるのが，運用訓練や図上シミュレーション訓練である．特定の危機状況を想定し，実際の場面と同様に危機対応体制を設置したり，関係機関と連絡をとって情報収集したり，危機対応に関する意思決定を行ったり，危機の推移や状況に応じて関係者に具体的な指示を出したりして，危機対応のスキルを身につける．

訓練の進行係であるコントローラーは，具体的な観光危機状況を訓練参加者にカードや情報端末等を通じて伝え，参加者はその状況に応じて自分たちで何をすべきかを判断し，危機対応を実行する．通常の避難訓練等と異なり，訓練の想定やシナリオは訓練参加者に事前に知らされない．コントローラーから与えられた情報と，自分たちで関係機関等から収集する情報とを重ね合わせて全体状況の把握に努め，また限られた時間と限られた情報の中で判断・意思決定を行う．そうした点で，より実際の危機対応に近い状況での訓練となる．

図上シミュレーション訓練は，ひとつの組織の中だけで行う場合，危機対応で連携する他の組織や機関と共同で行う場合，さらに，危機対応のノウハウを高めるためにさまざまな組織や一般から参加者を募って行う場合とがある．また，避難訓練などと同時に，その状況に合わせた対策本部の運用訓練を行うこともある．

5.14. 関係機関との事前協定

観光危機対応は，さまざまな関係機関との連携や協力が必要になる．危機発生時の情報収集や情報発信を効率的かつ迅速に行うには，通信会社や報道機関等との連携・協力が不可欠だ．避難した観光客に，水や食料，生活必需品等を提供するには，それらの在庫を持っている流通事業者などの協力が有効だ．災害による交通機関の運休のため，旅行先から動けなくなった観光客をできるだけ早く帰宅させるために，鉄道やバス事業者，船会社などに帰宅のための特別便を出してもらうこともあるだろう．さらに，危機からの避難の際，所持金やクレジットカードを持ち出すことのできなかった外国人観光客に，必要な医療や宿泊を提供しようとすれば，医療機関や宿泊施設の理解と協力が必要である．

観光危機対応に関して連携や協力が必要な関係機関とは，予め協定を結び，連携や協力の内容，協力依頼方法，費用負担等について文書で確認しておくとよい．事前協

定があれば，いざ協力を依頼しなければならない状況になったとき，手続きや説明，条件交渉などに時間をかける必要がなく，すぐに連携体制で動き出すことができる．一刻の猶予もない危機対応時に，事前協定は強い味方になる．

　行政と民間の間だけでなく，民間事業者同士でも事前協定をしておくとよい場合がある．たとえば，災害等の際に，建物が危険にさらされる可能性のあるホテルは，近隣のより安全な立地のホテルと協定を結び，災害時に自館のお客様を受け入れてもらえるようにしておき，それを危機管理計画にも明記しておくとよい．

　鹿児島県指宿温泉では，津波の際の避難客受け入れに関して地域のホテルが相互に協定している．津波の発生が予想されるとき，海岸に近いホテルの利用客を内陸側のホテルに誘導する計画になっている．津波を想定した地域の避難訓練では，実際に海岸側のホテルから利用客を陸側のホテルの上層階に避難誘導する訓練を行い，万一の場合に備えている．

5.15. 水・食料・生活必需品の備蓄

　災害に備えた水・食料・生活必需品・毛布等の備蓄は，地域防災計画で規定され，市町村や事業者，さらには個々の住民が準備している．観光危機管理の視点でこれらの備蓄を見ると，ひとつの課題が浮かび上がる．その課題とは，ほとんどの自治体の地域防災計画では，観光客用の備蓄の必要性を想定していないことだ．

　もともと，災害対策基本法は，住民の生命と財産を災害から守ることが主な目的とされているため，旅行者や観光客への対応は明確になっていない．その災害対策基本法を根拠に策定された地域防災計画には，観光の比重の高いごく一部の自治体を除いて，観光客に提供するための備蓄の規定がない．

　ところが，主要観光地のある自治体には，ピーク時に人口を上回る観光客が訪問，宿泊することが珍しくない．花火大会や人気アーティストのコンサートの際には，さらに多くの人が集まってくることもある．そのときに何かの災害が発生し，多数の観光客がその地域内から出られず，滞留するという状況が発生したらどうなるだろうか？　仮に人口3千人の町で，住民用に3日分の備蓄があったとしても，6千人の観光客が帰宅できずに町内に滞留すれば，その時点の実質的な人口は3倍の9千人となり，備蓄した水や食料は1日で底をついてしまうことになる．「この備蓄は住民用なので，町外からの観光客には提供できません」などと言うことは，人道上許されることではないし，万一そのようなことをしたら，観光の町としてのブランドに大きな傷がつき，将来にわたって禍根を残すことになるだろう．

　ではどうしたらよいか？　やはり，最大数の観光客にも提供できるよう，備蓄することが基本だ．もちろん，自治体だけでそのような大量の非常用食料等を備蓄することは，費用の面でも，保管場所の面でも容易ではないだろう．そこで考えられるのは，近隣の市町村や民間事業者との連携だ．近隣の市町村とは，災害時に非常用食料

等が不足した場合は，相互に提供しあうことを協定しておく．また，地域内の民間事業者，特に宿泊施設や飲食施設は，非常時用以外に業務用食材の在庫を持っているので，自社の利用客だけでなく，地域内に避難・滞留している観光客にも「炊き出し」などの形で食料を提供できるような仕組みを整えておくとよい．もちろん民間事業者に食料等の提供に協力をしてもらった場合，その費用の補償についても予め規定しておくことが大切だ．

5.16. 危機管理がうまくいかない主な理由

世界の観光危機管理を調査・研究，指導してきた米国フロリダ大学観光危機管理研究所では，これまでの経験から，危機管理計画がうまく実行できない場合，よくありがちな理由として，以下のものを挙げている．

① 計画そのものがない

これまで観光の危機を経験してこなかったからという理由で，計画そのものを作っていなければ，実行できないのは当然だ．たとえ危機管理計画が作られていても，その計画で想定されている危機が限定的で，想定外の危機が発生したり，危機の規模が想定を超えたりした場合，実質的に「計画がない」状況で危機対応するのと変わりない．それだけに，危機管理計画を策定する際には，発生しうる危機とそれに伴うリスクをしっかり想定し，対応策を検討しておくことが重要だ．

② 計画を実施するための予算や要員が措置されていない

「減災」や「危機への備え」が計画に盛り込まれていても，避難誘導表示等の設置や耐震・耐浪化工事，危機発生時に対応するための器具・備品，備蓄品の購入，非常用通信の整備などの予算が措置されなければ，計画は絵に描いた餅になってしまう．また，危機管理の担当者や，危機対応の際の要員体制が明確になっていなければ，いざ危機が発生したとき計画通りの対応ができない．危機管理計画を作る際には，「人，モノ，金」など必要な資源の措置もあわせて計画しておくことが必須であり，そのためには，組織トップが危機管理をマネジメント上の重要事項として認識している必要がある．

③ 計画に関する情報を収集したり発信したりする仕組みがない

せっかく危機管理計画があっても，危機対応にかかわる人たちに必要な情報を提供する仕組みが確立されていなければ，計画された通りの危機対応はできない．情報を必要とする人に，確実に情報が伝わる組織的な仕組みを整えることが求められる．

④ **各組織の責任が不明確，あいまい**

　計画を迅速かつ確実に実行するためには，計画にかかわる組織や個人の役割と責任，権限が明確に規定されていることが不可欠だ．危機管理における責任のなすりつけ合いを防ぐためにも，観光危機管理体制のトップから，対策本部のメンバー，現場で危機対応にあたるスタッフに至るまで，それぞれの組織や個人に応じた担当業務，責任，やるべきことを，計画やマニュアルの中に具体的かつ明確に記載しておくべきである．

⑤ **他の関係機関との調整がほとんどできていない**

　観光危機管理にかかわる主な関係機関との事前調整や協定ができていないと，計画の実行に支障が出る．行政，民間事業者，マスメディア，その他の関係機関と事前に話し合いを行い，危機管理計画において，それぞれの組織に期待されている役割が何であるかを，十分に理解してもらうことが大切だ．そうすることが，危機対応を円滑かつ効果的に実行し，危機対応時に起こりがちなさまざまな混乱を避けることにつながるのである．

⑥ **計画やガイドラインの使い勝手が悪い**

　計画の中には，あまりにも内容が複雑かつ断片的すぎて，危機対応の計画としては使い勝手が悪いものがある．自治体の地域防災計画などをそのまま引用して観光危機管理計画を作ろうとすると，どうしてもその内容が防災の専門家向けのものになってしまいがちで，観光地の現場の人たちの視点が欠けてしまう．

　観光危機管理計画は，できるだけシンプルにすべきである．シンプルだからといって，体系が整っていなくてもよいというものではない．詳細に規定されていて，しかも統一性があり，体系が整っているのが良い計画だ．最終的に現場で危機対応をするスタッフたちが，何をどのようにしたらよいかがすぐにわかる内容であることが一番のポイントだ．

⑦ **計画が作りっぱなしで，その後の改訂がなされていない**

　計画は作ったが一度も見直していない，というのはよくある話だ．しかし，実際の危機発生時や訓練の場で計画を実行してみると，不都合な点，改善すべき点が見つかることが多い．さらに，環境や状況の変化などで，新たな危機やリスクの発生可能性が想定されるようになった場合，その危機への対応も計画に加える必要がある．こうしたことから，危機管理計画やマニュアルは，必要に応じて随時見直しをするのが原則だ．

　それにもかかわらず，計画が作られてから一度も改訂されないと，せっかく見つかった改善点が計画に反映されていなかったり，新たな危機への対応が計画にな

5.16. 危機管理がうまくいかない主な理由　　57

かったりなど，計画があるにもかかわらず危機への対応が的確に実行できなくなってしまうのである．

　観光危機管理計画を策定したら，計画の見直しや改訂に関する規定を必ず入れておくことである．

事例　ハワイの観光危機管理の取り組み

　ハワイは，世界で最も観光危機管理が進んでいる観光地のひとつである．観光はハワイの主要産業であり，人口130万人のハワイ州に常時21万人（人口の16％）以上の観光客が滞在していることから，ハワイでは観光客を受け入れるうえで「安全」を最も重視している．「多数の観光客を災害や危機から守り，安全に帰宅していただくことは，我々にとって重要な使命の一つである」とハワイ州観光局（HTA＝Hawaii Tourism Authority）の局長は明言する．

　ハワイの危機管理の特徴のひとつは，州政府とHTAや各島の観光局との緊密な連携である．大規模災害等の緊急時には，ハワイ州知事を本部長とする緊急対策本部がダイヤモンドヘッドにある米軍施設内に設置される．また，各島（郡）にも地域対策本部が設置され，州の対策本部と緊密な連携をとる．津波や地震などの自然災害だけでなく，停電・従業員ストライキ・感染症の蔓延など，観光ビジネスに影響を与えるあらゆる事象を対象とし，これらの危機から観光客を守る役目を担っている．危機発生時，HTA局長は，観光分野の代表として州の緊急対策本部に入り，州知事の隣に座り観光分野での対応の助言を行う．HTA以外に，ハワイ観光コンベンションビューローやハワイホテル観光協会，ハワイ・コンベンションセンターなどの観光関連団体が一体となって危機管理・危機対応にあたる体制ができている．

　また，ハワイ州では500万ドル（約6億円）の観光緊急対策基金が用意されており，災害などの緊急時に限り，ハワイ州知事またはHTAの判断で（議会等の承認を経ずに）その基金を観光復興に利用できることになっている．

　もうひとつの特徴は，大規模災害や危機だけでなく，ハワイ滞在中にトラブルに遭遇して困っている観光客を手助けする仕組みがあることだ．VASH（Visitor Aloha Society of Hawaii）は，つらいこと・悲しいことに遭ってしまった人を助け，気持ちよくハワイから帰っていただき，再びハワイに戻ってきてもらう，ということを目的としているボランティア組織である．財布の盗難・紛失，病気，車上狙いなどのトラブルで困っている観光客に対し，親身になって可能な範囲のあらゆるサポートを行う．さまざまな国からの観光客にサポートを提供できるよう，日本語を含む6か国語で対応可能なスタッフをそろえ，業務時間外も留守電をモニターして，緊急事態には24時間対応している．VASHのお世話になった旅行者は，必ず深い感謝を示し，ハワイにリピーターとして何度も来てくれるようになり，そのたびに挨拶に来てくれる方が多いという．観光客の危機の際に親身に対応することで，ハワイファンをつくっ

ているのだ．

　ハワイの民間事業者も，防災・危機管理に積極的に取り組んでいる．ホテルの防災担当者の業界団体 Hawaii Hotel Visitor Industry Security Association は，毎月会合を持ち，非常時の対応や連携についての情報交換を行っている．危機発生時には，各ホテルの防災担当者がコンベンションセンターに設置される対策本部に集まり，危機や被害状況に関する情報を共有することになっている．

> **事例**　災害後1週間以上変わらなかった観光局のホームページ

　2015年4月25日，ネパールで大地震が発生，多くの死傷者を出し，寺院や歴史的建造物等にも被害が発生した．それにもかかわらず，ネパール政府観光局のウェブサイトでは，地震発生から1週間以上たってもトップページに「死ぬまでに行きたい世界の観光地50」の文字が躍り，同国の主要観光地の画像が掲載され続けた．また，同サイトのどこにも，地震による被害の状況や，地震の影響が限定的で観光可能な地域等の情報が見つからなかった．観光危機対応の初動でもっとも大切なことのひとつは，最新で正確な情報を関係者に伝え続けることである．残念なことにネパールでは，それがまったく実行できていなかった．

　もちろん，災害時の現場対応で，ウェブサイトでの情報発信どころではなかったというのが実態だろう．それでも，被害に関する正確な情報が発信されないままでいると，あらぬ風評や思い込みによって，災害の被害がほとんどなかった地域でも観光客が減少するリスクが拡大すること，さらにその先の観光の復興に向けた取り組みにおいても，情報が大きな役割を果たすことを考えると，ウェブサイト等での正確な現地

図5.3　地震発生3日後のネパール政府観光局のウェブサイト

5.16. 危機管理がうまくいかない主な理由　｜　59

情報の発信は，きわめて優先度が高い．

　国内も同様である．桜島で噴火の警戒レベルが4に上がった2015年8月15日，鹿児島県の観光ウェブサイトには，美しい桜島の画像があるだけで，噴火に関する情報が何もなかった．「安心して鹿児島の観光をお楽しみください」と題して，指宿や霧島の観光には何も影響がないことが掲載されたのは，1週間後の8月22日だった．その間，夏休み中の鹿児島県への旅行を計画していた人々は，鹿児島へ行っても大丈夫だろうか，噴火を気にしながら観光して本当に楽しいだろうか，と不安に思っていたに違いない．

事例 「筋肉が記憶するまで」訓練する航空会社

　航空会社は，常にさまざまなリスクにさらされている．航空機事故だけでなく，機材の不具合，暴風や雪害などの異常気象，ハイジャックや爆発物の機内持ち込みなどの保安上のリスク，航空管制や運航にかかわるシステムトラブル，予約・オペレーションシステムの障害，旅客の迷惑行為，飛行中の機内での急病人の発生など，リスクを数え上げればきりがない．そのようなリスクを抱えつつ，安全な定時運航を維持するため，航空会社は多面的な危機管理プログラムを準備し，いつでも必要なときにそれらのプログラムが実行できるよう，常日頃の準備を怠らない．

　オーストラリアを代表する航空会社であるカンタスグループ（カンタス航空，ジェットスター航空）では，「カンタスグループは，新たに発生するリスクを積極的に見出し，あらゆる危機に効果的に対応し，危機から早期に回復する点において，常に他社を凌駕する危機対応力を備えた企業として，航空業界をリードする能力を有している」と宣言し，総合的な危機・リスク管理，事業継続の仕組みを整えている．

　「できうる限りサプライズ（想定外）を作らない」という基本方針のもと，考えられる限りのリスクに対して綿密な危機対応計画が準備されているだけでなく，平常時には，それらの計画にもとづいて，現場の従業員から幹部・役員に至るまで徹底的な教育と訓練が行われている．そのひとつの特徴は，「筋肉の記憶」を重視することだ．どんなすばらしい危機対応計画があっても，いざというときにそれが実行できなければ意味がない．危機対応の方法を完璧に頭で理解していても，非常時に体がすぐに反応しなければ，対応が遅れてしまう．ましてや，マニュアルを読むひまなどない．カンタスグループでは，訓練の参加者が文字通り「筋肉で記憶する」ことを目標に訓練を行うのである．

　それに加えて，緊急時における現場への権限委譲も明確にしている．一瞬の判断と行動が求められるときに，上司の判断を仰いでいる時間の余裕はない．危機対応計画が筋肉にまで叩き込まれている従業員だから，非常事態の発生した現場で的確な判断ができるとの前提で，権限が委譲されている．

　徹底した訓練と権限委譲が，危機対応においてきわめて有効であることは，東日本

大震災時の JR 東日本や東京ディズニーリゾート®の従業員の対応によって実証された. それぞれの現場の従業員が, 繰り返し行ってきた訓練通り乗客やゲストの命と安全を守ったのだ.

《 ま と め 》

危機への備え

● 「危機への備え」とは, 「危機への対応」がすぐに確実に実施できるように, 危機を想定し, 危機対応のための計画を作り, 訓練を行っておくこと.

● 事前意思決定は, 「危機への備え」のカギ.

● 正確な情報をいち早く収集し, 発信することは, 危機の影響の軽減にきわめて重要.

● 情報をコミュニケーション責任者に集中させ, 情報発信の唯一の窓口とする.

● 通常の通信手段が使えなくなる場合を想定して, 非常用通信手段を確保しておく.

● 完璧な危機対応計画も, 訓練して身につけない限り, 計画は実行できない.

● 訓練は, 計画やマニュアルが実行可能かどうかを確かめたり, 課題を見出したりする絶好の機会でもある.

第6章 危機への対応（Response）

　この章で検討する「危機への対応」とは，前章「危機への備え」で検討し，計画し，訓練して準備したことを，実際の危機や災害の発生場面で実行することに他ならない．この本の冒頭でも述べたが，観光危機への対応は，観光客・旅行者と観光関連産業・事業者の両方を対象とする．一般に，災害により被災した観光客・旅行者の救助・安全確保は，地域防災計画など住民を主な対象とした対策に準じて実施することができるが，観光危機の種類によっては，観光客・旅行者自身の被害はまったくないにもかかわらず，観光関連産業が大きな痛手を受けることがある．本章「危機への対応」では，そのような観光産業・事業者への危機によるマイナス影響を最小限にとどめるために，何をすべきかについても触れる．

6.1. 危機対応体制の発動

　第5章で「危機管理体制・対策本部」について述べたが，危機が発生したら「危機対応開始判断基準」にもとづいて，できるだけ早く危機のレベルに応じた危機対応体制を設置し，組織的な対応を開始する．

　ここで大切なのは，すばやく組織として対応体制を立ち上げることである．体制を設置すべきかどうか，どのレベルの体制にすればよいか迷ったときは，とにかく体制を立ち上げ，集まれる関係者をそろえて状況の把握を行ったうえで，改めてどのレベルの対応体制が必要かを判断すればよい．

　たとえば「対策本部」メンバーを集めて状況を検討した結果，「対策本部」が必要な危機レベルではない，ということになれば，その場で一つ下の「警戒本部」に移行すればよい．「警戒本部」さえ不要と判断されれば，若干名が引き続き情報収集を続けて，あとの人は日常業務に戻ればよい．

　体制設置の判断に必要以上の時間や手間をかけるケースがある．いったん設置した対応体制が不要だとか，レベルが高すぎたと判断される「空振り」のリスクを気にしすぎるからである．「空振り」大いに結構，10回のうち9回「空振り」でもいい．「空振り」したときは，観光客や観光関連産業に影響がなかったのだから，むしろ喜

ぶべきこと，だから「空振り」した人の責任は問わない，というコンセンサスを組織の中に作っておくことが重要だ.

もし逆に，体制設置の判断に時間を要して，危機への組織的な対応が遅れたがために，観光客や観光関連事業者へのリスクが大きくなってしまった，ということになれば，それこそ「責任問題」である.

危機管理体制が設置されたら，ただちに組織のウェブサイトや連絡網，放送などを通じて，観光危機管理に関係する機関や関係者，従業員等に，以下のことを周知する.

① 観光危機管理体制（対策本部等）が設置されたこと
② 地域または組織としての危機対応の方針や指示は，本部から出されること
③ 本部が危機に関する情報の収集と発信のハブになること
④ 報道対応等は，本部が中心になって行うこと

6.2. 危機状況の把握・情報収集

観光危機が発生し，または発生する可能性が大きいとき，その危機がどのような状況で，観光にどのような影響を与えうるか，情報を収集し，事態を正確に把握することが大切である．これは，「危機管理体制・対策本部」のレベルの高低にかかわらない.

情報収集を迅速かつ効率的に行うためには，どのような危機・災害の場合に，誰が，どのような情報を，どこから，どのように収集するかを予め決めておくことが必要だ．以下は，危機の種類に応じて収集する情報と情報の入手先・入手方法の一例である.

表6.1 台風が接近している場合

収集する情報	情報入手先	情報入手方法
台風の大きさ，強さ，予想進路	気象庁 マスコミ	テレビ・ラジオ ウェブサイト
当地域に影響の出る日，時間帯	地元気象台 マスコミ	テレビ・ラジオ ウェブサイト
当地域を発着する交通機関への影響， 交通機関の対応（運休・間引き，速度制限等）	交通機関 マスコミ	当該交通機関 テレビ・ラジオ
避難準備・高齢者等避難開始，避難勧告， 避難指示発令の有無	地元市町村 マスコミ	テレビ・ラジオ 防災行政無線
自社・施設で予想される台風による影響・被害	社内各部署	

6.2. 危機状況の把握・情報収集 ｜ 63

表 6.2　大きな地震が発生した場合

収集する情報	情報入手先	情報入手方法
地震の規模，最大震度，当地域の震度，震源	気象庁 マスコミ	テレビ・ラジオ ウェブサイト
避難勧告，避難指示発令の有無	地元市町村 マスコミ	テレビ・ラジオ 防災行政無線
津波注意報・警報の発表の有無（海岸付近） 余震の可能性	気象庁 マスコミ	テレビ・ラジオ ウェブサイト
当地域および周辺地域での被害状況	マスコミ 警察・消防	テレビ・ラジオ 電話等
自社・施設の被害状況（宿泊・観光施設事業者）	社内各部署	
自社車両の被害状況，乗務員・乗客の安否 （交通事業者）	乗務員	携帯電話，無線， 災害伝言板
地域内の観光施設・観光関連事業者の被害・営業継続状況（自治体，観光協会等）	各事業者 業界団体	電話・ファックス 等
ライフラインの状況	電気・ガス・水道・通信事業者	テレビ・ラジオ ウェブサイト等
当地域を発着する交通機関・道路の状況， （不通の場合）運行再開・開通見込み	交通機関 マスコミ	当該交通機関 テレビ・ラジオ

表 6.3　津波注意報・警報が発令された場合

収集する情報	情報入手先	情報入手方法
予想される津波の規模	気象庁 マスコミ	テレビ・ラジオ ウェブサイト
津波の到達予想時刻	気象庁 マスコミ	テレビ・ラジオ 防災行政無線
避難準備・高齢者等避難開始，避難勧告， 避難指示発令の有無	地元市町村 マスコミ	テレビ・ラジオ 防災行政無線
津波の浸水の恐れがある地区内を運行中の自社車両 （交通事業者）	乗務員	携帯電話，無線， 災害伝言板

表 6.4 テロ・大事故等が発生した場合

収集する情報	情報入手先	情報入手方法
発生した事件・事故の内容	マスコミ	テレビ・ラジオ ウェブサイト
退避勧告・避難指示等の発令の有無	地元市町村 マスコミ	テレビ・ラジオ 防災行政無線
自社・施設の被害状況（事業者）	社内各部署	
地域内の観光施設・観光関連事業者の被害・営業継続状況（自治体，観光協会等）	各事業者	電話・ファックス等
当地域を発着する交通機関・道路の状況， （不通の場合）運行再開・開通見込み	交通機関 マスコミ	当該交通機関 テレビ・ラジオ

　これらの情報は，観光客の安全を確保するために何をすべきかの判断材料となるとともに，その場にいる観光客に危機に関する正確な状況の情報を提供することによって，観光客の不安を少しでも解消することになる．

　また，旅行先で危機に遭遇した観光客の最大の関心事である，帰宅の可能性や帰宅のための交通手段等について情報を提供するためにも必要である．

6.3. 従業員・職員と家族の所在・安否確認

　観光危機への対応の第一線に携わるのは，観光関連事業者の従業員であり，行政機関や観光協会等の職員である．この人たちが他のことに気を取られることなく，全力で観光危機への対応に集中できる状態であることが，危機対応の成否にかかわってくる．

　したがって，危機への対応が必要な事象が発生し，対応体制を立ち上げるときは，体制の構成メンバーの従業員や職員がどこにいて，直ちに本部に集まって対応を始められる状態にあるかどうかを確認する必要がある．大規模災害などの場合，従業員や職員自身が被災し動きがとれないとか，連絡がつかないこともある．本人は無事でも，自宅から職場までの交通が途絶していて，本部に行こうにも行きようがないことも考えられる．出張や休暇等で遠方に出かけていて，すぐに戻ることができないこともありうる．

　さらに，家族や身近な人が被災して死傷したり行方不明になったりしているとか，自宅が損壊したなどの状況であれば，従業員や職員はそちらの対応を優先し，すぐに本部に集まることができない場合もあるだろう．

　このような場合に備えて，予め観光危機管理計画やマニュアルに「不在の場合の代理者」を定めておき，すぐに本部に集まることのできない構成メンバーの役割を，その「代理者」に担ってもらう．誰が欠けようとも，誰かが代わってなすべき危機対応

6.3. 従業員・職員と家族の所在・安否確認 **65**

業務が行えるようにすることは，対策本部長の大切な責任である．

6.4. 観光危機管理計画・BCP の実施

対策本部等が立ち上がったら，観光危機管理計画やマニュアル，事業継続計画にもとづいて，それぞれ分担した役割に応じた危機対応業務を実施する．

本部の責任者（対策本部長）は，危機の状況をみながら業務の優先順位を判断し，本部メンバーに指示する．現場が危機の被害を受けて，観光客や従業員の避難誘導や救護が必要な場合は，それが最優先であることは言うまでもない．観光客の安全確保の目途がついたら，危機状況の把握や情報収集，被害状況の確認，関係機関への連絡，観光客の安否確認などの業務を分担して実施していく．

6.5. 危機情報・営業継続情報の発信

観光危機では，正確な情報をいち早く発信・提供することが，危機の影響を軽減し，危機の影響からの回復を早めるカギとなる．

情報を提供する相手は，危機・災害の現場にいる観光客・旅行者，予約済みの観光客，市町村や都道府県，警察・消防，観光協会，旅行会社，マスコミ・メディアなど多岐にわたる．また，情報提供相手によって情報提供の目的も異なる．それを理解した上で，的確な情報発信を行う．以下にそれぞれの【知りたい情報】，【提供する情報】，【情報提供の方法】を示す．

① **危機・災害の現場にいる観光客・旅行者**

知りたい情報	今，何が起こっているのか，どこにいたら安全なのか，いつ，どのようにして自宅に戻れるか，家族や関係者にどのように連絡できるか，など
提供する情報	危機・災害の状況，危機による被害や影響，避難場所，交通アクセス・運行状況，電話や Wi-Fi などの通信アクセス，など
情報提供の方法	宿泊施設・待機場所・避難場所等での掲示板，現場スタッフの案内，テレビ，インターネット

② **予約済みの観光客**

知りたい情報	現地の被害状況，観光ができるかどうか，予約日前後の施設の営業見込み，交通アクセス，など
提供する情報	危機・災害の状況，危機による被害や影響，交通アクセス・運行状況，予約施設の営業継続状況・営業再開見込み，周囲の観光地の状況，など
情報提供の方法	インターネット（施設のウェブサイト），予約した観光施設からの電話・メール，旅行会社を通じた案内

③ **市町村・都道府県（行政機関）**

知りたい情報	管内の観光地・観光施設の被害・影響状況，観光客の避難・退避状況，交通アクセス・運行状況，帰宅困難者の状況，など
提供する情報	危機による観光施設等の被害や影響，観光客の安否・避難状況，帰宅困難となっている観光客の所在と人数，予約取り消し状況，など
情報提供の方法	電話，ファックス，電子メール

④ **警察・消防**

知りたい情報	観光客の避難状況，救出・救護が必要な観光客の所在と人数，など
提供する情報	救出・救護が必要な観光客の所在と人数，など
情報提供の方法	電話，電子メール，SNS，警察・消防無線

⑤ **観光協会等**

知りたい情報	観光地・観光施設の被害・影響状況，観光施設等の営業継続状況，観光客の避難・退避状況，など
提供する情報	危機による観光施設等の被害や影響，観光客の安否・避難状況，予約取り消し状況，など
情報提供の方法	電話，ファックス，電子メール

⑥ **旅行会社**

知りたい情報	観光客の安否，観光地　観光施設の被害・影響状況，観光施設等の営業継続状況，交通アクセス・運行状況，など
提供する情報	危機による被害や影響，観光客の安否，交通アクセス・運行状況，施設の営業継続状況・営業再開見込み，周囲の観光地の状況，など
情報提供の方法	電話，ファックス，電子メール

⑦ **マスコミ・メディア**

知りたい情報	観光客の安否，観光地・観光施設の被害・影響状況，交通アクセス・運行状況，など
提供する情報	危機による被害や影響，交通アクセス・運行状況，観光施設の営業継続状況・営業再開見込み，など
情報提供の方法	電話，ファックス，電子メール，プレスリリース，記者会見

コラム 危機時の情報発信の鉄則（Clear, Concise, Consistent）

　危機・災害時に現地の状況が正確かつタイムリーに情報発信され，それが正しく受け止められているかが，その後の風評の発生や観光の回復に決定的な影響を与える．ここでは，正しく伝わる危機・災害時のコミュニケーション（情報発信）のポイントを説明する．

"3つのC"に基づいた情報発信

　危機・災害時の情報は，Clear＝はっきりと，Concise＝簡潔に，Consistent＝首尾一貫している，の"3つのC"にもとづいて発信すると，正確に伝わりやすい．

1. **はっきりと（Clear）**

　　発信された情報を，誰でも誤解することなく正確に受け取れるよう，曖昧な表現は使用せず，はっきりと表現する．

　　指示詞（これ，それ，あれ，等）が多い文は，指示する内容を読み手が誤解しやすい．

　　主語と述語を明確にし，主語の省略は行わない．

2. **簡潔に（Concise）**

　　文章は，短ければ短いほど，コミュニケーションには効果的．

　　形容詞・形容句をたくさん使った文は，一見格調が高そうだが，情報伝達として不適切．

　　一文にたくさんのことを盛り込んだ長い文，途中で主語が変わる文は避ける．

　　接続詞もできるだけ使わない．

3. **首尾一貫している（Consistent）**

　　危機発生が予測される時点から，危機発生後，復興期に至るまで，発信する情報は首尾一貫させる．

　　以前説明したことと，後の説明が首尾一貫せず矛盾があると，あらゆる発表の信頼性が損なわれる．

事実のみを知らせる

　事実として確認できたことだけを発表し，「透明性」のある情報提供を心がける．

- 危機が発生して混乱している時は，とかく不確かな情報や「デマ」が飛び交うもの．
- 確認できないこと，わからないことは，「まだ分かりません」，「確認中です」と正直に伝え，「たぶん○○だろうと思います」とか「○○のようです」という表現は避ける．
- 第三者から入手した情報は，その発信者を明記して「○月○日の○○の発表によると，…」と情報源を明らかにして伝える．

6.6. 風評につながる情報の監視（モニタリング）

　ある地域で危機や災害が発生すると，そのことを知った多くの人が，その地域への旅行は，危険度やリスクが実際よりも高いと認識して，旅行を見合わせたり予定していた旅行を取りやめたりする．それによって観光関連産業が有形（経済的損失），無形（ブランドイメージの低下など）の損失を被るのが風評被害である．また，災害発生地の周辺地域が，実際には災害の影響がないにもかかわらず，影響のある地域と同一視されることにより，旅行者が減少して観光関連産業が損失を被ることも風評被害である．

　事実と異なる情報発信や，被害状況のある部分だけが強調された報道がなされると，それが風評被害につながる恐れがある．

　海外からの観光客が増えている今日，日本で起きた災害の状況や観光への影響が海外の旅行市場にどのように伝わり，人々がそれをどのように受け止めているか，現地の旅行会社はどのような対応をしているかをいち早く把握することも重要だ．言語の壁がある海外市場では，そこに伝えられた限られた情報だけで「日本の○○温泉は危ない！」と判断され，外国人観光客が急激に減少するという風評被害につながることが多いからである．

　さらに海外の場合は，それぞれの国が海外に出かける自国民に「渡航情報（Travel Advisory）」を出すことがある．災害の発生した地域について「不要不急の旅行は見合わせること」とか「渡航の中止を勧告する」などの「渡航情報」が出てしまうと，その国の旅行会社は対象地域へのツアーの催行を中止し，あるいはその地域へ観光の予定があるお客様に方面変更を勧めたりする．

　こうした風評をいち早く察知し，事実と異なる情報に対して対処するために，情報の「モニタリング」（監視）を行う．

　モニタリングは，都道府県や観光連盟，観光協会，DMOなど地域の観光関連組織が主体となって実施し，その結果を地域内の観光関連事業者等と共有するようにするとよい．それぞれの事業者が地域全体に関するモニタリングをすることは，時間と労力の無駄となる．そうすることで，各事業者は，自社に関する報道や情報の収集に集中することができる．

　モニタリングの具体的な方法は以下の通り．

① **国内メディア**
- 新聞：主要全国紙，地方紙の掲載紙面を確認する．（新聞社のウェブサイトにも掲載される）
- テレビ：NHK，民放キー局およびローカル局のニュース等を確認する．対策本部に複数のテレビを置き，それぞれキー局の番組を流しっぱなしに

しておく方法もある．
- ラジオ：NHK，主要地方局およびコミュニティ FM 局の情報を聴く．大規模災害等で停電が長く続き，テレビでの情報収集が困難になる場合を想定し，電池式の AM/FM ラジオと予備電池を日ごろから準備するとよい．

コラム　人々は地理に疎い

　東日本大震災が発生し，福島第一原子力発電所の事故が世界中に報道されたとき，福島から 2,000 km 以上離れた沖縄を含めて，日本への渡航を見合わせるよう自国民に勧告した国がいくつかあった．一方，台湾政府は，震災後の日本への渡航に関する注意情報から沖縄県だけを除外した．この対応の違いはどこにあるのだろうか？

　世界の多くの国々，とりわけ日本から離れたところにある国にとって，日本は「極東にある島国」であって，北海道の北端から沖縄の八重山諸島まで 3,000 km 以上という，地理的広がりのある国という認識がほとんどない．だから日本の本州で起きた震災や原子力事故の影響が，沖縄を含めた日本全土に及ぶと考えるのは，ある意味致し方のないことである．ところが沖縄県のすぐ近くに位置する台湾の人々は，沖縄と本州との位置関係をよく理解しているので，日本への渡航情報から沖縄を除外したものと考えられる．

　こうしたことが起こるのは，海外からの旅行者だけではない．2015 年に箱根駒ヶ岳の火山活動が活発化し，火山噴火警戒レベルが引き上げられたとき，火口からかなり離れている箱根湯本温泉や隣町の湯河原温泉で宿泊予約のキャンセルが多く発生した．なかでも関西など箱根から遠い地域から訪れる宿泊客のキャンセルが目立った．同じ「箱根」だから，リスクがあるのではと不安だったのだろう．一方で，箱根周辺の地理をよく知っている常連のゴルフ客などは，ほとんどキャンセルがなかったという．

　近いところで災害や危機が発生しても，被害や影響がないときには，その観光地と災害の発生場所との位置関係がわかるような地図や，発生した場所からの距離を具体的に示しながら，当地の観光施設や観光サービスは平常通り営業しており，いつもと同じように観光客も来訪していることを情報発信するとよい．災害や危機が発生したことをニュースで見聞きし，その近辺の観光地に行ってもだいじょうぶかと心配している観光客にとっては，災害発生地との位置関係や距離がわかるだけで，ずいぶん不安が解消され，キャンセルの防止につながる．

② **国内：海外インターネット**

- Google アラート等の情報自動検索アプリを利用して，「地域名」「災害」「被害」「観光」などのキーワードにより，一定時間ごとに検索を行う．
- キーワードを英語または主要外国語で設定することにより，海外（外国語）で発信されている情報のモニタリングができる．

③ **海外の旅行マーケット**

- 都道府県や観光連盟等の海外事務所に，当地の災害とその影響に関する現地で流れている情報の収集を依頼する．
- JNTO（日本政府観光局）の海外宣伝事務所に，海外各国での当地の災害に関する情報について確認する．
- 当地への送客の多い海外の旅行会社に電話やメールで直接ヒアリングを行うと，各海外市場の受け止め方がよくわかる．

6.7. 観光客の安全確保・避難誘導

　危機や災害が発生したら，どのように観光客の安全を確保し，安全な場所に避難誘導したらよいだろうか．観光客のいる現場での対応のポイントを，危機の経過時間を追って説明しよう．

① **危機や災害の警戒警報が出たとき**

【台風】

　数日前から進路予想や暴風警報等で災害の発生が予想される場合は，早期帰宅や旅行の見合わせを勧めるとともに，災害が予想される期間に影響のある地域に滞在予定の観光客に対しては，安全確保の方法やいざというときの避難施設の位置などを案内する．

　あわせて，強風で飛ばされると危険な屋外の備品を固定するか屋内に移動する，強風で危険な場所や施設を立ち入り禁止にする，駐車場で冠水や落下物の可能性がある場合は駐車場の車両を安全な場所に移動する，建物の浸水の恐れがある場合は土嚢等を準備するなど，台風による暴風・大雨に伴う観光客へのリスクを少しでも軽減できるよう準備する．

【地震】

　「緊急地震速報」で数秒後に災害が発生することを知ったときは，その場にいる従業員などが，大きなはっきりとした声で「大きな地震がきます．体を低くして，自分の身を守ってください．建物の中は安全なので，外に出ないでください」などと観光客に声をかける．落下する危険のあるものの下や，倒壊する恐れのあるものの近くにいる人を安全な場所に誘導する．避難ルートを確保するため出入口の扉を開ける．

6.7. 観光客の安全確保・避難誘導 | 71

【津波】

　津波警報・注意報が出たときは，海から近い場所，海抜の低い場所にいる観光客を高台や強固な建物の上層階に避難誘導する．津波は水深数十センチでも，足を取られて動きがとれなくなるので，津波注意報が発表された場合でも甘く見ずに，ビーチや港，海岸付近からは完全に退避するよう強く働きかける．津波の恐ろしさを知らない外国人観光客の中には，津波を見に海岸に行こうとする人もいるので，強く引き止める．第一波の到達予定時刻を過ぎても海面に大きな変化がない場合でも，注意報が解除されるまでは，観光客が海岸に近づかないよう注意する．

　地元の市町村から避難勧告や避難指示が発令されたときは，防災計画や避難誘導マニュアルに従ってただちに観光客を安全な場所に避難誘導する．交通事業者は，避難勧告・避難指示が発令されている地域内に運行中の車両があるときは，その車両をただちに地域外に出すよう乗務員に指示する．また，避難勧告・避難指示が出ている地域に向かっている車両は，その地域に進入せず，手前で待機するか，折り返す．

② **危機や災害が発生しているとき**

　観光客の避難誘導は，原則としてその施設等の防災計画や避難誘導マニュアルに従って実施する．計画やマニュアルで想定されていない事態が発生したときは，計画やマニュアルの基本を踏まえつつ，危機や災害の状況によって，避難誘導するか，その場にとどまるか，被災のリスクのより少ないのはどちらかを判断する．

　地震の場合，観光客には，倒れそうな家具や，落下しそうな照明器具等の下から離れ，頭をカバンなどの持ち物で保護して，その場で揺れが収まるまで待機するよう指示，誘導する．あわてて外に飛び出すと，割れたガラスの破片や剥げ落ちたタイル，看板などが落下してくることがあるので，屋内にいるより危険だ．昭和56 (1981) 年以降に建てられた建物は耐震基準を満たしており，地震の揺れで建物自体が倒壊する可能性は低いので，建物内にいる方が安全な場合が多い．

　交通機関は，大きな地震を感知したら減速して安全な場所に停止する．バスやタクシーなど道路を走行している車両は，ハザードランプを点けて，道路の左側の路肩や路側帯に停車する．車内も大きく揺れるので，乗客には前の座席や手すりなどにしっかりつかまるよう案内する．停車したらラジオをつけ，地震の状況や道路交通情報等，その後の運行継続や避難を判断するための情報を収集する．

　台風などの暴風時は，建物の外は飛来物等で危険なので，観光客に建物内にとどまるよう指示する．ホテル等の客室にいる観光客には，飛来物で窓ガラスが割れることがあるので，カーテンを閉め，窓から離れたところにいるように伝える．

　洪水や土砂災害で水や土砂が建物内に流入してきた場合や，間もなく浸水しそうなときは，屋外への避難はかえって危険なので，建物内のできるだけ高い階や屋上

に誘導する.

火災や建物内での爆発事故など,建物の中にいることが危険な場合は,直ちに観光客をより安全な屋外に避難誘導する.この際,エレベーターは使用しない.火災による停電で,エレベーター内に閉じ込められるリスクがあるからだ.

いずれの場合でも,指示や誘導は大きな,はっきりとした肉声で行うが,可能であれば拡声器などを利用したり,館内・場内放送で伝えたりすると,より確実に指示が伝わる.普段から誘導用の拡声器などは,緊急時にすぐに取り出せる場所においておくとよい.放送で指示する場合,なかなかその場で適切なことばが出ないものなので,緊急放送用のアナウンス原稿をマイクのそばに常に掲示しておき,危機や災害の種類に応じた避難指示のアナウンスを読み上げるとよい.

③ 危機や災害の直後

まず観光客の安全を確認する.逃げ遅れている人はいないか,けがをして動けなくなっている人はいないかを,施設の隅から隅まで目視で確認する.宿泊施設では,従業員が全部の客室を回り,部屋の中に人が残っていないことを確認し,確認できた部屋のドアには「確認済み」とわかるようシールなどを貼っておく.トイレや大浴場などのチェックも行う.エレベーターは安全装置の作動や停電で停止し,中に人が閉じ込められている可能性があるので,特に注意して確認する必要がある.

それと同時に,観光客を安全な場所に一旦避難させる.地震などでその場にとどまっていた人々を,ロビーや屋外の広場など,より安全な場所に誘導する.

安全な場所に誘導したら,安否の確認を行う.宿泊施設など,利用客のリストがある場合には,そのリストと避難した人を照合し,施設内にいた人全員が避難できたことを確認する.日帰り観光施設やイベント会場など,利用客のリストがない場合には,家族や同行者がいるかどうかを観光客自身で確認してもらう.確認の結果,所在が不明な人がいることがわかった場合,施設内に戻って捜索を行うかどうかは,現場の状況や二次災害の危険性などを踏まえて冷静に判断する.不明者を捜すため無謀な行為をしようとする人を留め,二次災害を防止することも,危機対応の重要な要素である.

施設が災害によって大きく損傷したり浸水したりしていない場合は,施設内の安全を確認した上で,屋外やロビーなどに避難している人に,建物内や客室などに戻るよう案内する.目立った損傷や浸水がなくても,大地震後の余震が予想されているときなどは,施設内にいる人々を大広間や宴会場,ロビーなどに集めて安全確保を図るとよい.

④ 危機や災害の発生から一定時間経過後

危機や災害のピークが過ぎ，さしあたっての危険な状況から脱したら，身の安全を守るために誘導した緊急の避難場所から，避難施設等への移動を検討する．特に，緊急に避難誘導した場所が屋外や建物の屋上などである場合，そこで長時間滞在することは困難なので，移動が可能であれば，近くの避難所や宿泊施設等「屋根のあるところ」に誘導する．

避難所等に移動したら避難している観光客等のリストを作成し，市町村の対策本部等に報告する．このリストがあることにより，市町村は避難している観光客の所在と人数を把握することができ，その後の水・食料や日用品の供給，帰宅のための支援の基礎データとなるからである．

避難している観光客は，「6.5.危機情報・営業継続情報の発信」で説明したように，情報提供を強く求める．避難所内の掲示などにより，危機・災害の状況，危機による被害や影響，避難場所，交通アクセス・運行状況，電話やWi-Fiなどの通信アクセスなど，入手できる情報を可能な限り提供することが，観光客の不安を和らげるためにも重要である．

6.8. 避難に支援が必要な観光客への対応

危機や災害からの避難の際，そこには避難に支援が必要な観光客がいることがある．車いすの利用者，視覚や聴覚の障害のため緊急時の避難誘導を十分に理解できない人，早足での避難が困難な高齢者，小さな子ども連れ，妊婦，避難誘導の日本語の指示を理解できない外国人観光客などである．また，災害等で負傷した人も避難に援助が必要となる．

避難に支援が必要な観光客がいる場合，観光施設等の現場スタッフがその人をサポートすることになるが，限られた人数で多くの観光客の避難誘導をしなければならない状況で，支援が必要な人にスタッフが付き添うと，他の人たちの誘導に支障が出てしまう．そのようなときには，周囲の人に遠慮せずに声をかけ，支援が必要な人の避難を手伝ってもらおう．「この車いすの方の避難を手伝ってください！」とはっきりと，やや命令調で声をかける方がうまくいく．遠慮がちな言い方や，丁寧すぎる言い方では，相手に切迫感が十分に伝わらない．

その場に車いすや荷物運搬用の台車などがあれば，速く歩けない人たちを乗せて避難することもできる．また，災害時の避難は徒歩が原則だが，避難に支援を必要とする人だけは例外として，自動車に乗せて安全な場所に移動してもよい．

外国人には，その人のわかる言語が話せるスタッフが付き添って避難誘導するのが理想だが，現実にはそのようなスタッフがいることは稀だ．ガイドや添乗員がその場にいれば，外国人観光客の避難誘導に協力してもらおう．ガイドや添乗員がいなければ，避難を始めた日本人観光客の後について行くよう指示する．この際，細かい状況

表6.5 避難者リストの例

避難所：○○市○○小学校体育館　012-345-6789				
リスト作成担当者：中野　友紀				
	名前（カタカナ）	現住所（市町村まで）	本人電話	留守宅電話
例	ヤマダ　タロウ	東京都杉並区	090-1234-5678	03-4567-8901

表6.6 外国人避難者リストの例

避難所：○○市○○小学校体育館　　012-345-6789				
リスト作成担当者：中野　友紀				
	Name （氏名）	Nationality （国籍）	Passport Number （パスポート番号）	Home Phone （自宅電話）
例	王　天元	中国	AB1234567	86-543-210-9876
例	David Hoffman	Australia	CD9876543	61-2-2345-6789

の説明がなくても，非常事態であることはわかっているので，"Follow them!"（あの人たちについて行ってください）と指示すれば，事情はのみ込めるだろう．

6.9. 観光客の所在・安否確認⇒情報集約

危機・災害の際の観光客の安否確認は，住民の安否確認より手間がかかる．住民登録があり，周囲の人も誰がどこに住んでいるかわかっている住民と違い，観光客は，危機や災害が起こったときに，誰がその場にいたかを把握することが難しいからである．

宿泊施設やツアー参加者については，宿泊客・参加者のリストがあるので，そのリストと避難している人を照合すれば安否確認ができる．それ以外の個人旅行者については，各避難所で作成する避難者リストが，所在と安否の確認のための重要な手掛かりとなる．避難者リストには個人情報が含まれるので，記入する内容は表6.5，6.6の例の通り，安否確認や関係者への連絡のための必要最小限にとどめる．

外国人の避難者については，各国の在日大使館・領事館に情報を提供し，災害に遭遇し避難している自国民の安否確認や救護に活用できるよう，リストにパスポート番号を記載する．国名とパスポート番号が正しく記入されていれば，外国語で書かれた氏名などが読みにくい場合でも，大使館や領事館で本人確認が可能である．

作成された避難者リストは，地域の防災計画や観光危機管理計画に従って対策本部等の情報担当に送信し，安否確認や帰宅支援等に活用する．なお，避難者リストは個人情報であるので，災害対応目的以外の利用がなされないよう，厳重に管理すべきであることは言うまでもない．

6.10. 水・食料等の供給

ほとんどの市町村では，避難所に供給する水・食料・日用品等の備蓄は，住民数を基礎に計算されている．災害時，避難所に住民に加えて観光客が避難した場合，想定を上回る数の人に水・食料等を提供しなければならず，備蓄分だけでは不足する可能性がある．その地域で想定される最大の観光客数と住民の数を加えた人数分の水・食料を備蓄することができれば理想だが，実際にそれができている市町村は，ほぼゼロに等しい．そのような状況になったときは，以下のやり方で対応するとよい．

1. 避難所では，住民・観光客の分け隔てなく水・食料・日用品等を提供する．観光客分の備蓄はないからといって，住民と観光客に差をつけることは，人道上の問題があるだけでなく，その話が世間に広まれば，観光地としてのブランドを大きく損なうことになる．また，避難所で住民と観光客を区別して食料等の提供を行うことは，実際にできるものではない．
2. 観光客は，住民と違って長期間避難所にとどまることはない．帰宅できる手段があれば，1日でも早く帰宅する．多くの場合，最初の1日をしのげば，2日目から避難している観光客の数は徐々に減っていくので，それにあわせて備蓄の不足の心配も次第に解消する．
3. 観光客の中には，有償でいいから避難所でなく旅館・ホテルに滞在したいと希望する人もいる．地域内に受け入れが可能な宿泊施設があれば，避難所にいる観光客にそれらの施設を紹介し，移っていただく．
4. それでも不足しそうなときは，次の方法で水・食料備蓄の融通を受けるとよい．
   ① 近隣の避難所で備蓄品に余裕があるところからの融通を受ける
      市町村災害対策本部の食料供給担当が調整の役割を担う．
   ② 近隣の市町村から備蓄品の供給を受ける
      市町村が相互に締結している災害時応援協定にもとづき，市町村の食料供給担当が窓口になり，調整を行う．
   ③ 民間事業所（旅館・ホテル・飲食店等）の食材在庫を利用
      飲食を提供する事業者が在庫として持っている食材を避難所に融通してもらう，事業者の調理人が食材を持って避難所に行き調理するなどの方法がある．

④　市町村と協定のある食品業者や流通事業者（スーパー等）の在庫を利用

各地域の主要スーパーなどは，地元の自治体と災害時における食品や生活用品の供給に関する災害時応援協定を結んでいる．

6.11. 観光客の帰宅に係わる情報収集と提供

旅行先で危機や災害に遭遇した観光客にとって最大の関心事は，いつごろ，どのようにして帰宅できるかである．訪日外国人観光客にとって，帰宅とは，自国への帰国となる．

災害・危機のために避難したり，宿泊施設等で足止めされたりしている観光客に，帰宅のために必要な情報をきめ細かく提供することはきわめて重要である．具体的には，次のような情報が必要とされる．

① **公共交通機関の運行状況に関する情報**

- 現地から主要都市までの鉄道・バス・航空・船舶等公共交通機関の運行状況
- 不通になっている交通機関の運行再開見通し
- 交通機関の予約方法（通常の予約方法以外で予約を受け付ける場合）
- 危機・災害のために利用できなくなった乗車券等の予約変更，振替輸送，払い戻し

② **道路の開通状況**

- 主要道路（高速道路，主要国道等）の開通状況
- 現地から主要道路までのアクセス道路の開通状況
- 不通となっている区間の迂回路
- 不通区間の開通見通し

③ **帰宅のための特別な支援に関する情報**

- 交通機関や道路の不通のために帰宅困難となっている旅行者のための，代替輸送に関する情報（詳しくは，次節「帰宅支援・帰国支援」に記載）

④ **その他**

- 道路不通等のために，現地でレンタカーを乗り捨てざるを得ない場合の連絡先や手続き等
- 危機や災害により現金やクレジットカードを遺失した場合の相談窓口

これらの情報は，帰宅困難になっている観光客のいる宿泊施設や避難所に掲示するほか，地域の観光協会のウェブサイトに掲出する，テレビ・ラジオなどで放送するなど複数の情報チャネルを利用して，帰宅できないでいるより多くの観光客がアクセスできるようにする．

また，状況は刻々と変化するので，定期的に情報を更新し，より正確な情報をいち早く伝えることが大切である．

6.11. 観光客の帰宅に係わる情報収集と提供　77

6.12. 帰宅支援・帰国支援

　危機や災害により公共交通機関や主要道路，空港や港などが大きく被害を受け，長時間にわたり通常の交通が不通になると，多くの観光客が旅行先で足止めされる．特に1本しかない現地へのアクセス道路が不通になった場合や，沖縄や離島などで空港や港湾が被災し，航空機や船舶の発着ができなくなった場合などは，旅行先で帰宅困難になっている観光客の帰宅のための支援が必要になる．

　また，日本で大規模な災害が発生し，日本を発着する国際線定期便の運航に大きな支障が出た場合，各国は日本で帰国困難となっている自国民の帰国のために，チャーター機や臨時便等を運航することが予想される．

　平成28年熊本地震の際，交通機関が運行停止したことにより，大分県内に帰国できなくなっていた外国人が多数滞留した．県や市がすぐに帰宅支援策を実行できずにいたところ，在日韓国大使館がバスをチャーターし，滞留していた外国人を大分市，別府，由布院から福岡空港まで輸送した．このとき，韓国大使館は人道上の配慮から，自国民だけでなく他国籍の外国人もバスに同乗させて帰国支援を実施した．

　帰宅支援・帰国支援は，個々の観光関連事業者から，都道府県，国までさまざまなレベルで実施される．

　宿泊施設や観光施設などの事業者は，帰宅困難になっている自社のお客様を少しでも早く自宅に戻すため，不通になっている幹線道路を避け，地元の人にしか知られていない道路を経由するバスを仕立て，運行を再開したJR駅までお客様を送ったり，運航を見合わせているフェリーの代わりに海上タクシーを手配して，孤立している離島から観光客を本土に戻すなどの帰宅支援を行うこともある．

コラム　海外旅行中の国民保護

　各国の外務省や大使館・領事館などの在外公館の重要な役割のひとつは「自国民の保護」である．外国で危機が発生したとき，その国に滞在している自国民を安全な場所に保護し，安否を確認し，必要な場合は帰国のための支援を行うことである．

　オーストラリアは，海外にいる自国民の保護に関して先進的な取り組みを行っている国のひとつである．ひとたび海外で危機が発生すると，ただちに外務省幹部を議長とする省庁横断の危機対応タスクフォースが立ち上がる．外務省の領事部に危機対応

チームが設置され，24時間対応で情報収集にあたるとともに，旅行会社等とも密に連携を取りながら，危機の発生した国に滞在するオーストラリア人の安全確保のための活動を開始する．

2011年に中東・北アフリカの各国で起きた一連の「アラブの春」の動きのなかで，エジプトでは，反政府デモの市民を軍隊が制圧し，外出禁止令が出され，大使館員やジャーナリストが拘束され，インターネットが遮断された．休暇や仕事でエジプトに滞在していた多くのオーストラリア人は，インターネットでの情報入手やメールでのコミュニケーションができず，同国から脱出しようにも，動きが取れない状態となっていた．

オーストラリア政府は，ただちにカイロの同国大使館内に危機対応タスクフォース，危機管理センター，緊急用コールセンターを設置，エジプト国内のオーストラリア人の安否・所在確認とともに，国外への脱出のための準備を行った．また，エジプトからの国外脱出用のチャーター機を手配した．大使館スタッフがオーストラリア人の滞在するホテルや空港に派遣され，手持ち資金の足りない人に航空運賃などの帰国費用を緊急貸付したり，避難の際パスポートを持ち出せなかった人のために帰国用臨時パスポートを発行したりするなど，必要な支援を行った．

こうした対応の結果，当時エジプトに滞在中の2,069人のオーストラリア人全員の安全が確認され，そのほとんどがチャーター機でエジプトを脱出できた．

また，同年の東日本大震災の際には，東京のオーストラリア大使館に同様なタスクフォースが設置され，帰国のための空港での斡旋や，放射能対策のアドバイス，帰国費用の緊急貸付，臨時パスポート発行などのサービスを実施し，震災発生時に日本にいた5,554人のオーストラリア人全員の安全を確認した．

オーストラリア政府が，海外にいる自国民に対して，危機発生時に迅速に安全確保の対応ができる背景には，Smartravellerという海外旅行者登録システムの普及がある．海外に業務や休暇で旅行する予定のあるオーストラリア人は，Smartraveller.gov.au に自分の旅行先と旅行時期を登録する．世界のどこかで旅行者のリスクが発生すると，システムに登録した人のなかから，その地域に滞在している人に危機情報がメールで自動的に発信される．また，外務省は危機が発生した国・地域に滞在している自国民のリストをすぐに抽出し，必要に応じてその一人　人に安否確認を行ったり，安全確保のためのアドバイスを行うことができる．

日本でも，2014年7月から，外務省が「たびレジ」という名称でSmartravellerと同様のサービスを提供している．（たびレジの登録サイト https://www.ezairyu.mofa.go.jp/tabireg/）

このように，観光客を送り出す国の旅行者保護の仕組みと，観光客を受け入れる地域の危機対応の仕組みがうまく連携すると，旅行者・観光客の危機管理はより効果的に実施できるのである．

6.12. 帰宅支援・帰国支援 | 79

都道府県や市町村は，地域防災計画の「緊急輸送」を観光客にも適用し，被災地で帰宅困難になっている観光客をバスや船舶で被災地外に送り届ける支援が可能である．

　外国人旅行者については，各国の大使館・領事館と連携し，各国が運航する帰国のためのチャーター機等の運航許可や，発着空港までの交通手段の手配などを支援する．

　帰宅支援・帰国支援を実施する場合は，支援にかかわる費用のうち，どの部分を誰が負担するかを予め定め，利用する人たちに周知しておくようにする．また，手持ちの現金が不足し，本人負担分をその場で支払えない人への対応についても，事前に決めておくと，その場での混乱やトラブルを防ぐことができる．

6.13. 被災した観光客とその家族・関係者への対応

　観光客が不幸にして観光中に危機や災害でけがをしたり亡くなられたりした場合，その方の家族や勤務先の関係者等が現地に駆けつけ，負傷した方の見舞いや，亡くなられた方の身元確認，ご遺体の移送の手続きなどを行う．被災した方が外国人であれば，その方の国の大使館・領事館スタッフがそれに加わる．

　こうした方々に心を込めた対応をすることは，不幸にして災害に遭った観光地ではあるけれど，そこが関係者にとって記憶に残る場所になり，観光地のイメージを向上させることにつながる．

　家族や関係者への対応の基本は，彼らが必要とするものを的確に提供することである．具体的には，以下のようなものが含まれる．

- 被災した方の同行者の旅程変更，宿泊延長
- 遠方から来られる方の宿泊および現地での交通の手配
- （外国人の場合）被災者・同行者のビザ延長，家族・関係者のビザ申請支援
- 災害や事故の現場への案内
- 入院している医療機関への案内
- 遺体安置場所への案内と遺体確認，死亡診断書の受け取り
- 負傷された方の転院手続き
- 亡くなられた方の遺体の移送，遺体処理
- 保険請求に必要な書類等の準備

　家族・関係者への対応は，担当者を決めて，できれば最初のコンタクトからその地を離れるまで，同じ人が担当するのが理想である．

　なお，家族や関係者への対応は，地域防災計画等では想定されておらず，観光危機管理計画の中に盛り込んでおかないと，いざというときに対応する根拠法や根拠となる計画がないため，対応が漏れたり，遅れたりしがちである．

6.14. 重傷者・遺体の移送

① 重傷者の移送

　旅行先で危機・災害に遭遇し重傷を負った観光客は，現地の医療機関で一定の緊急治療をしたのち，自宅近くの医療機関に転院して治療を続けるのが一般的である．外国人が被災した場合も同様に，自国（または医療水準の高い近隣国）の医療機関に転院することが多い．

　重傷患者を安全に移送し，転院先の医療機関で的確な治療を継続するためには，次に挙げるさまざまな手続きが必要となる．

- ▶ 現地医療機関の精算・支払手続き
- ▶ 現地医療機関から転院先の医療機関への医療データの提供
- ▶ 移送に必要な交通機関，付き添いの医療スタッフ等の手配
- ▶ 保険請求に必要な書類等の準備

② 遺体の処理・移送

　危機・災害で亡くなられた方の遺体は，現地で検死ののち，遺族に引き渡され，自宅（または自宅近くの葬儀場）に移送されて，葬儀・火葬が執り行われる．行方不明になった遺体の発見に時間がかかり損傷が激しい場合，引き取る遺族がない場合などは，現地で火葬されることもある．

　被災して亡くなった外国人の遺体は，検死の後，遺体衛生保全（エンバーミング）の処理を施し，母国に移送する．エンバーミングは，日本では馴染みが薄いが，世界的に広く行われている遺体の保全手法で，遺体の容姿を整えるとともに，体液を特殊な保存液に入れ替えることにより，遺体の腐敗を防ぐとともに感染症の予防などの効果がある．そのため，米国など，他国から移送される遺体にエンバーミングを義務付けている国もある．（エンバーミングについては，章末のコラム参照）

　外国人の遺体処理および本国への移送については，エンバーミング以外にも，亡くなった方の国の慣習や，宗教上の規定など配慮すべき点が多くあるので，その国の大使館・領事館に連絡を取り，助言を受けながら行うべきである．

　航空機事故のように企業の責任が明確な場合は，こうした手続きをその事業者がすべて行うのが原則だが，自然災害や加害者が明確でない事故等が原因となる場合は，前節「被災した観光客とその家族・関係者への対応」の一環として，現地の行政や民間団体が連携して対応することが望まれる．

＊被災した観光客が旅行保険に加入し，救援者費用等補償特約を付保していた場合は，これらの費用が保険で支払われ，保険会社と契約のある医療アシスタント会社が，これらの手続きを代行することがある．

《 ま と め 》

危機への対応

- ●危機が発生したら，危機のレベルに応じた危機対応体制をすばやく設置し，組織的な対応を開始する．
- ●危機・災害時の情報は，Clear＝はっきりと，Concise＝簡潔に，Consistent＝首尾一貫の3つのCにもとづいて発信する．
- ●事実として確認できたことだけを発表し，「透明性」の高い情報提供を心がける．
- ●風評をいち早く察知するために，マスコミやインターネット上で発信される情報の「モニタリング」を行う．
- ●観光危機時の観光客への対応の基本は，
  1）観光客の安全確保と避難誘導
  2）観光客の所在・安否確認と安否情報の集約
  3）避難している観光客への水・食料等の供給
  4）帰宅に係わる情報収集と提供
  5）帰宅・帰国の支援
  6）被災した観光客とその家族・関係者への対応
  である．

コラム 遺体衛生保全処理（エンバーミング）

　エンバーミングは，欧米を中心に世界で広く行われている遺体処理方法である．遺体の動脈から特殊な衛生保存液を注入し，血液と入れ替えることにより，遺体の殺菌・消毒を行うとともに，腐敗を防止する．外傷などで傷ついた遺体を縫合・修復し，お気に入りの洋服や宗教上の死装束を着せて化粧を施すことで，遺体を生前のような生き生きした姿に整える．

　エンバーミングされた遺体は，処理後最大50日程度，常温で保存できるので，外国へ移送し，母国で葬儀を行い埋葬することができる．移送先の国や航空会社によっては，衛生上の理由からエンバーミング処置をしないと遺体を移送できないことがある．

　エンバーミングされた遺体には，殺菌・消毒がなされ保存液が全身に行きわたっているため，遺体からの感染の心配もない．

　エンバーミングは，以下の基準にもとづいて実施される．

1. 本人または二親等以内の遺族の署名による同意に基づいて行うこと．
   ※二親等以内の遺族による明示の反対が事前にある場合には実施できない．
2. IFSA（日本遺体衛生保全協会）に認定され，登録されている高度な技術能力を持った技術者によってのみ行われること．
3. 処置に必要な血管の確保および体腔の防腐のために最小限の切開を行い，処置後に縫合・修復すること．
4. 処置後の遺体を保存するのは50日を限度とし，火葬または埋葬すること．

　日本では，22都道府県の55施設でエンバーミングサービスを提供しているが，実施可能な施設のない県がまだ半数以上ある．（2016年10月現在）

第7章 復興（Recovery）

　この章では，危機・災害が収束したのち，危機以前のように観光客に来ていただけるようにするには，何をすべきかについて考える．

　第4章「減災」から第6章「危機への対応」までは，危機が発生したときに観光客の安全を守ることに主眼が置かれていたが，第7章では，観光危機管理のもうひとつの対象である観光関連産業に焦点を置く．危機・災害の後，観光関連産業をいち早く回復させることは，単に観光関連産業に携わる個々の企業や団体の経営を維持するだけでなく，それらの事業の場で働く多くの従業員の雇用を守り，その人たちの家族の生計を維持するというさらに大きな社会的責任にかかわることでもある．

　復興に向けた取り組みは，危機発生直後から始まる．危機発生直後から，危機の状況や危機による観光関連産業への影響を情報収集し，それらをもとに正確な情報をタイムリーに発信することで，風評被害を防止し，影響の拡大を抑え込むことができれば，復興に必要な時間や費用は少なくなる．また，危機に対する旅行市場の反応を的確に把握することができれば，復興のためのプロモーション活動を効率的に計画・実施することができる．

　復興を確実なものにするためには，復興のための専任のスタッフを置くことが重要だ．危機発生時には，やらねばならないことが次から次へと発生するので，とかく「復興」に関わる仕事は後回しにされがちになる．だからと言って，全員が目の前で起こることの対応に振り回されていたのでは，危機の事態が一段落したときに，復興に向けて何も手が打たれていないと気が付くことになりかねない．観光は，復興に向けた取り組みを始めてから，その効果が出るまで時間がかかる．復興プロモーションのタイミングを逸してしまい，必要以上に長い期間，観光客が減ったままの状況が続くことは避けたいものである．

7.1. 観光復興計画の作成

　観光復興計画を検討する際の基本方針は，"Build Back Better"（よりよい復興）である．被災した前の状態に戻すのではなく，被災を機に，今までよりもよい形に復

興するという考え方だ.

　危機や災害に遭った観光地域では，次のような内容が含まれる観光復興計画を策定するとよい.（危機や災害の種類や程度によっては，地域のインフラや観光施設への物理的な被害はなく，観光客の減少という影響のみにとどまる. その場合，観光復興計画の内容は，主に観光復興のためのプロモーションが中心となる.）

① 交通インフラの修復・交通アクセスの復旧

　危機によって被害を受け，不通になったり，通行に支障の生じたりした道路や鉄道を修復し，観光地までのアクセスを確保する. 交通アクセスの復旧は，地域全体の復興の重要な要素であるため，行政の観光部門や交通事業者だけで対応できることではないが，観光復興の必要不可欠な条件である. 行政の関係部署や交通事業者等から可能な限りの情報を収集し，いつ，どこからどこまでの区間が開通する予定かなどを，観光復興計画の前提とする.

② 観光施設・宿泊施設等の修復・再建

　交通アクセスが復旧しても，被害を受けた観光施設や宿泊施設が営業休止のままでは，観光客が滞在したり，遊んだり，飲食したり，ショッピングしたりすることができない. それでは，観光収入が地域に落ちてこない.

　観光復興計画では，観光客を受け入れるこれらの施設が，いつ営業再開できるかが大きなポイントになる. 施設管理者や事業者に対するヒアリングなどにより，施設ごとの営業再開の時期を把握し，計画に落とし込む.

　修復が困難な被害を受けた観光施設については，同じものを再建するだけでなく，Build Back Better の考え方で，今後の観光客のニーズや志向により合ったものに作り変える，観光客誘致や景観上よりよい場所に移転するなど，ゼロからの発想で多様な再建案を検討するとよい.

③ 観光プログラムの再開・新規開発

　観光施設等が営業休止することに伴って，観光プログラムも一時的に休止することが多い. 観光プログラムを再開するまでの期間は，プログラムの内容を見直す絶好の機会となる.

　プログラムを検討する際には，マーケティングの基本的な流れに沿って考えると整理しやすい. その第一歩は，復興後にターゲットとする市場とセグメントを明確にすることだ. 次に検討することは，そのターゲット市場やセグメントは，観光面でどのような興味・関心を抱いているか. 復興後の自地域が提供できる「観光魅力」で，彼らの興味・関心に合うものは何か. もしかすると，従来の「観光魅力」だけでなく，復興ボランティア活動や地域の人たちとのふれあいにより興味を示す

7.1. 観光復興計画の作成 ┃ 85

かもしれない.

　ターゲット市場やセグメントのニーズや興味・関心と，それに対応する「観光魅力」が明らかになったら，その魅力を引き出すように既存の観光プログラムを改善したり，新たな観光プログラムを開発したりすればよい. 被災地でのボランティア活動や人々とのふれあいをプログラム化するのであれば，観光施設や宿泊施設が全面的に営業再開できていなくても，プログラムの提供はできる.

　新たな観光プログラム開発には，これまで観光に直接携わる機会のなかった人たちを巻き込むのも，ひとつの有効なやり方だ. たとえば，先の大震災で壊滅的な被害を受けた宮城県気仙沼市では，観光の復興計画づくりに，観光関係者に加えて水産業関係者や商工業者などが参画した. 津波で大きな被害を受けた気仙沼だが，それでも「海と生きる」を市の復興スローガンに掲げ，観光の復興戦略でも気仙沼の強みを生かした観光振興として，水産業と観光の融合を前面に押し出し，まちのさまざまな人々を巻き込んで観光プログラム開発を進めた.

④　観光復興に向けたプロモーション活動

　観光復興の戦略や方針に基づき，復興に向けたプロモーション計画を策定する. 危機・災害時の復興プロモーションは，実施のタイミングが重要となる. 実施時期が早すぎても，遅すぎても，期待した効果が出にくくなる.

　プロモーションを開始するのに最適なタイミングは，危機・災害の種類や，被害の程度によっても異なるので一概には言えないが，一般的に危機や災害の直接的な影響がなくなり，観光施設や宿泊施設が通常営業に戻る少し前である. タイミングが早すぎて，危機によるリスクがまだ残っている時期にプロモーションを始めると，「まだ安全でないところに，観光客を呼ぼうとしているのか」と市場の反発を招いて逆効果になってしまうことがある. 一方で，観光施設等が通常営業に戻ってからプロモーションを始めたのでは，最初の数週間はほとんど観光客が来てくれない，ということになりかねない.

　復興プロモーションを計画する際は，プロモーションのターゲットによって，効果のあるプロモーションの方法や内容を検討する. 一般的には，現地の状況をよりよく理解している近場の市場（同じ都道府県内や近隣県）の方が，観光客が早く戻ってくる傾向が強いので，近場から始めて観光客の動きをみながら，中長距離の国内市場，海外市場に展開していくと効果的である.

　また，実際のプロモーション活動を行うには，プロモーション用のツールや広告原稿，テレビCMの制作，イベントの準備等に一定の時間がかかることから，できるだけ早めに準備に着手して，最適なタイミングで実施できるようにすることが大切だ.

86　第7章　復興（Recovery）

7.2. 観光復興の費用と原資

　危機や災害の影響を受けた観光地が復興するためには，さまざまな費用がかかる．地震や津波などの大規模災害の場合は，交通インフラや観光施設等が広範囲に大きな被害を受け，その復旧のために多額の資金が必要となる．そこまで大きくない災害，たとえば台風などの暴風でも，建物のガラスの破損や倒木，植栽の被害などの修復に費用がかかる．物理的な被害が発生しない感染症の流行による危機の場合などでも，復興に向けた観光プロモーションやキャンペーンなどの費用が必要になる．

　これらの費用の財源をどうするかについて，危機や災害が発生する前に予め考え，準備しておくとよい．なぜならば，いざ大規模災害が起こってからでは，目の前の災害への対応に手と時間を取られ，なかなか復興プロモーションのための資金調達にまで話がおよばない．いくら使えるのかわからない状態では，具体的なプロモーション計画が立てられない．そうしているうちに，プロモーションの最適タイミングを逃してしまう，ということのないようにしたいものだ．

　では，観光復興には，どのような原資が考えられるのだろうか？　行政の場合は，災害復興のための特別予算や補正予算を組むのが通例だろうが，大規模災害以外の危機により観光が影響を受けた場合には，災害復興予算で対応できないことがある．また，観光復興プロモーションの費用などは，そもそも災害復興予算に含めることが難しいかもしれない．観光部門の予算規模が大きい自治体等では，年間予算の中から一部の経費項目を変えることで観光復興のための予算を捻出する余地がある．しかし，観光予算が潤沢でない自治体では，そうもいかない場合が多いだろう．さらに，補正予算や特別予算を組むとなると，議会での審議，承認等の手続きを経る必要があり，ある程度の時間がかかる．

　このようなとき，議会の承認手続き等を経ずに，柔軟かつ迅速に使える資金を準備しておく方法として基金がある．「観光税」などの目的税や観光施設利用料等を「観光振興基金」として積み立て，普段はこの基金を利用して公的な観光施設を整備・維持したり，計画的な観光プロモーション等を実施したりする．その地域の観光が，危機の発生により被害を受けたときは，観光の復興に必要な資金をこの基金から拠出するというやり方である．

　民間事業者の場合は，保険をうまく活用することにより，危機により受けた被害の補償を受けられるようにするとよい．保険の種類によっては，危機による休業や予約取消などで生じた売上減も補償対象となっているものがある．

7.3. 国内外の関係機関への協力要請

　観光地が危機や災害で大きな被害を受けた場合，国内外の観光関係機関は，その観光地の復興のためにさまざまな協力を惜しまない．

復興のための協力・支援には次のようなさまざまな方法があるので，危機・災害で被害のあった観光地は，それぞれの団体と可能な協力・支援について遠慮せずに早めに相談するとよい．

① 復興計画づくりへの助言・支援
② 被災地への義援金の募集
③ 復興プロモーションの企画・実施への協力
④ 被災地の復興状況に関する情報提供
⑤ 被災地への会議等の持ち出し開催
⑥ 復興状況の視察旅行の企画・実施（旅行会社向け）
⑦ 被災地応援ツアー等の企画・実施
⑧ 旅行・観光フェア等での被災地応援のための展示

こうした関係機関としては，以下のような組織・団体がある（表 7.1, 7.2）．

表 7.1　国内の関係機関

組織・団体名	団体の概要	可能な復興支援
日本旅行業協会（JATA） 全国旅行業協会（ANTA）	旅行業の業界団体	復興キャンペーン， 会員旅行会社社員の現地視察旅行
日本観光振興協会	日本の観光振興に関する中心的機関	観光地緊急支援事業
日本政府観光局（JNTO）	日本の観光の国際プロモーション機関	海外マーケットへの正確な情報提供，現地情報収集
日本商工会議所		被災地の事業者支援のための政策提言等
全国旅館ホテル生活衛生同業組合連合会（全旅連） 日本旅館協会	全国の旅館・ホテルの業界団体	被害地域の宿泊施設の事業継続支援，雇用維持支援
各都道府県の旅館ホテル生活衛生同業組合	地域の旅館・ホテルの業界団体	宿泊施設の被害状況，営業状況の集約，広報対応一本化，行政との対応等
各旅行会社の協定旅館・ホテル連盟		被害地域の宿泊施設の支援，旅行会社と連携した復興プロモーション等

第7章　復興（Recovery）

表 7.2　海外の関係機関

組織・団体名	団体の概要	可能な復興支援
世界観光機関（UNWTO）	観光に関する国連機関	復興の情報提供，専門家による復興アドバイス等
世界旅行ツーリズム協議会（WTTC）	世界的な民間の旅行・観光リーダーの団体	会員個別企業による復興支援
太平洋アジア観光協会（PATA）	太平洋・アジア地域の総合的な観光関連団体	危機対応・復興に関するアドバイス，専門家派遣
SKAL Club	旅行・観光関係者の世界的な親睦団体	世界のメンバーに復興支援を呼びかけ

7.4. 観光復興状況の情報収集と情報発信

　一般的にメディアは，危機や災害で被害が出たり，死傷者が出たりしたときには，積極的に取材を行いニュースや記事として取り上げるが，復興のプロセスは災害発生時に比べてニュースバリューが低いので，危機や災害の発生時ほど積極的に取り上げてくれない．

　それゆえに，観光地や観光施設の最新の復興状況などを，観光地や観光施設側が積極的に発信していかないと，災害発生時の生々しい画像が脳裏に焼き付いている一般の人々は，「あそこはまだ観光どころじゃないだろう」と思って，旅行の行先候補から外してしまいがちだ．

　災害後の対応が一段落し，観光の復興に向けて動き出したら，それに合わせて復興に向けた情報発信を開始する．復興フェーズでは，さまざまな情報チャネルを通じて，「もう観光に来てもだいじょうぶ，楽しめるよ」という趣旨の情報発信を積極的に行うことが重要だ．

　危機発生時に被害状況や，観光施設等の営業継続状況の情報を収集して発信したように，復興フェーズでも，どの観光地・観光施設がどの程度復旧して，どのような営業状況なのかを常に把握し，最新の情報を市場や旅行会社に発信することが大切である．復興時の情報発信のポイントは以下の通り．

地域としての取り組み，情報発信

- 復興・復旧に関わるポジティブな情報を積極的に発信する．
- 復興プロモーションやキャンペーンを実施するときは，メディアに取材を依頼する．
- 被災した施設の復旧へ向けた取り組みの取材を依頼する．

- 復興に取り組む人の情報をメディアに提供する．災害に負けず，前向きに復興に取り組む人は，記事やニュースの「素材」としての価値がある．
- 知事や大臣が被災地を訪問するなど，行政や地域の復旧に向けた象徴的なイベントの取材をメディアに働きかける．
- JNTO や旅行業協会等，第三者機関による復興情報の発信を働きかける．客観的な第三者機関が，当地の観光の安全についてコメントすると，情報への信頼度が高まる．
- 災害後に訪れたお客様のコメントや写真を，観光関連組織のウェブサイト等に掲載する．ブログや SNS などへの投稿も促す．
- 旅行業者や JATA 会員の現地視察を働きかけ，旅行を造成したり販売したりする旅行会社社員に，回復した現場を実際に見てもらうことも有効な情報発信となる．
- 旅行観光関係の現地持ち出し会議を誘致することは，観光関係者に現場の実態を見てもらうのによい機会となる．

個々の観光施設・宿泊施設としての働きかけ

　復興情報は，地域で発信するのと並行して，個々の観光施設・宿泊施設等でもさまざまな方法で発信することが，より早い観光復興につながる．「市町村や観光協会で情報発信してくれているから，そちらに全部お任せしよう」などと考えてはならない．

- 地域で発信する情報を，個々の施設でも発信する．自社のウェブサイトに，地域の観光関連組織の災害情報ページへのリンクを貼っておくと，地域の情報が更新されたときに自社コンテンツを更新する手間が省ける．
- 旅行会社等に営業回復状況の情報を随時提供する．文字での情報に加えて最新の画像情報を提供することが大切．催行を中止していたツアー再開の判断材料となったり，店頭販売の際にお客様に現地の様子を説明する参考資料として活用できる．
- 先の予約のあるお客様に，営業再開の見込みを案内する．数か月先や翌年の予約を入れてくださっているお客様は，本当に行ってもだいじょうぶなのか不安をいだきながらも，予約を取り消さないでいるという不安定な状態にある．予約のあるお客様に，地域の復興の現状や営業再開に関する情報を提供することが，お客様に安心感を与え，予約取り消しを防ぐことにつながる．
- 災害後に予約を取り消されたお客様に，現地の復興状況や営業再開の予定を案内する．もともと予約を入れてくださっていたお客様なので，その観光地に行きたい，その施設に泊まりたいという気持ちを強く持っている．こうした方々に営業再開の情報を伝えれば，新たなお客様の予約を獲得するより，もう一度

予約してくださる可能性ははるかに高い.

- 営業再開に向け,社員総会を開いたり,社員総出で大掃除をしたりするなどの取り組みをするときは,メディアに情報提供し,取材を依頼する.こうした取り組みがメディアで取り上げられることで,この地区はもう大丈夫という認知が広がる.

7.5. 復興要員・ボランティアの受け入れ

　危機や災害が起きると,発災直後から多くの復興要員やボランティアが被災地にやってくる.警察,消防,自衛隊,医療チーム等,直接救出・救援活動を行う人々の他,電気やガス,水道,通信などのライフラインの復旧のために,全国から応援スタッフが駆けつける.現場からの報道のためメディア関係者も集まる.

　これらの人々は,被災地の復興になくてはならぬ大切な存在であるとともに,危機や災害によって観光客や通常のビジネス客が来なくなった被災地域の宿泊施設にとって,キャンセルされた「穴」を埋めてくれるありがたいお客様でもある.実際,東日本大震災の直後から,東北復興の中心都市となった仙台ではどのホテルも満室となり,仙台市内で部屋を確保できない復興要員が,周辺部の宿泊施設にも流れた.

　復興要員の宿泊は,何十人,何百人単位の予約依頼があちこちから一度に来て,即時の対応が求められる.ただでさえ災害後で混乱しているなかで,このように大量の宿泊予約を調整することは容易ではない.ましてや災害対応で職員全員がてんてこ舞いしている自治体には,その調整に充てる人的余裕はない.

　こうした事態になることを想定して,旅行業協会の支部等に災害時の宿泊予約対応を委託できるよう予め相談し,対応計画を準備しておくとよい.宿泊手配や調整をプロの旅行業者に任せることで,自治体の職員は手間のかかる業務から解放され,本来の災害対応に集中することができる.

　また,地域の旅館組合やホテル協会支部等でも,自治体や旅行業協会と連携して災害時の復興要員受け入れの計画を検討しておくことで,全国から来てくれる復興要員の方々に,迅速かつスムーズに現地での宿泊を提供することができ,それが一日も早い復興につながるのである.

　また,災害時にはさまざまな災害ボランティアが応援に駆けつける.ボランティアが災害対応において貴重な「戦力」になるかどうかは,ボランティアを必要としている場所に,必要な数のボランティアを適切に割り当てられることがカギとなる.ボランティア対応専門の担当者を置き,地域内のどこで,どのような仕事のボランティアが必要かを常時把握するとともに,訪れたボランティアにスムーズに仕事を割り振ることができるような体制を平常時から準備しておくとよい.

　ボランティアは,復興要員と同様,観光客の受け入れがまだできない地域にとって

大切なお客様でもある．災害直後の災害ボランティアだけでなく，ある程度初期対応が終わった段階で，「ボランティア・ツーリズム」としてボランティアを誘致することは，地域の観光復興のよい足がかりとなる．ボランティアで観光地に来た人たちは，その地域に愛着を持ち，復興後も家族や知人を連れて何度も訪れてくださる傾向が強いからだ．

7.6. 復興に向けたマーケティング活動の実施

策定した復興プロモーション計画を実施する前に，危機や災害によって影響を受けた自分たちの観光地や観光施設が，主な市場でどのように認識されているかを把握しておくことが重要である．実際にはほとんどの観光施設等が通常営業に戻っているとしても，災害で被害を受けた直後のイメージが市場の人々の頭に強く残っていれば，いくらプロモーション活動をしても観光客はなかなか来てくれないだろう．その場合，プロモーション活動は，観光地の復興状況を正しく伝えることから始めなければならない．

マーケティング活動は，効果が出やすい市場を優先的に実施し，プロモーションの効果が出るのに時間がかかる市場は，観光客の動きがある程度回復し，観光地に賑わいが戻ってきてから実施したほうが効率的である．たとえば，その観光地に何回か来ているリピーターは，地域に対する愛着もあり災害後の様子が気になっているので，「もう観光に来てもだいじょうぶ」というメッセージが伝われば，来ていただける可能性が高い．観光復興のマーケティングにおいて，リピーターは優先すべきターゲットの筆頭である．一方，年齢層の高い人たちは，一般的に他の年齢層よりも旅先での安全に関して慎重なので，観光地が復興したと聞いてすぐに行くことは少ない．周囲の多くの人がその観光地に戻っているという話を聞いて，「みんなが行っているなら，もうだいじょうぶそうだから」と自分たちも行ってみる気持ちになる．高齢者市場は，他の市場が戻ってきてから，じっくり取り組むとよい．

プロモーション活動は，消費者を直接対象とするだけでなく，旅行会社など旅行流通に関わる事業者も対象とすべきである．旅行会社に積極的に働きかけ，最新の復興状況を伝えることで，観光復興を支援する特別企画旅行商品の作成や，旅行店舗などで販売促進のポスターや POP を掲示してもらえたりする．また，旅行会社の社員に復興状況について情報提供したり現地視察に招待したりすることは，旅行会社の顧客に「もう観光に行ってもだいじょうぶです」と安心感を与えることにつながる．

復興に向けたマーケティングでは，交通機関との連携も重要だ．被災した観光地と同様，航空会社や鉄道事業者も，観光客が戻り，落ち込んでいた旅客需要が回復することを望んでいる．交通機関が観光復興に向けたキャンペーンを打ってくれると，その効果はきわめて大きいので，ぜひとも協力を得たいものである．

被災した観光地に観光客を呼び戻すために，宿泊料金などを大幅に値引きして，安

さでひきつけようとするケースがしばしば見られるが，避けた方がよい．確かに，格安でひきつければ短期的に観光客が戻るが，そのような客層は価格を元に戻した途端に離れていってしまう．それだけでなく，一旦低価格で提供してしまうと，それがその地域の「相場」となってしまい，その後，危機以前の価格水準に戻すのに非常に長い期間がかかってしまう．安易な値引きは，中長期的にみるとマイナス面が大きい．

では，値引きがだめなら，どのようなインセンティブが可能なのか？　それは価格レベルは下げずに，復興プロモーションのための特典をつけることだ．期間限定で，内容をアップグレードしたり，観光施設の入場券や割引特典，グッズなどをつけたりするのである．復興プロモーション期間限定であることをうたい，しかも価格レベルを下げないのであれば，その後の価格相場を下げることにもつながりにくいし，価格を元に戻したらまた誰も来なくなった，という状況に陥ることもない．

7.7. 風評対策

正確な情報発信など，風評被害の発生防止に努めていても，風評につながる恐れのある不正確な情報や偏った情報が，マスコミやインターネット上に出てしまうことがある．また，地域の地理的事情をよく知らない外国の政府や報道機関が，実際より大きな範囲に災害の影響やリスクが広がっていると誤解してしまうこともある．風評は観光地の復興の大きな足かせになるので，不正確な情報の発生を確認したら直ちに対応する．

メディアから発信された情報が事実と明らかに違っているとき

正しい情報をそのメディアに提供して，情報の訂正を依頼する．

発信された情報が偏っていたり，一部だけが誇張されていたとき

メディアは，一旦発信した情報の訂正依頼は簡単に受け入れない．「自社の独自取材にもとづいて情報発信したので，誤りはない」と言われるだろう．粘り強く，繰り返し情報を提供し続け，より正確な情報を発信することで，そのメディアの読者や視聴者にとってメリットがあると認識させる．

地域の一部で被害があったが，自社への影響は限られていたとき

自社のウェブサイトやプレスリリース，旅行会社等を通じて，影響は限定的であり，当社は通常通り営業を継続している旨，繰り返し発信する．こうした場合，施設単独で発信すると，本当はまだ安全でないのに，お客様に来てほしいからこんな発信するのだろうと勘繰られ，それがまた風評に発展することさえありうる．地域として情報発信することがより有効だ．また，影響が少なかった現場の画像や，当地の地理に詳しくない人のために地図を添付して発信すると，正確な理解が得やすい．

7.8. 観光事業者への支援（財務，雇用）

観光関連事業者の多くは財務体質のぜい弱な中小企業で，危機や災害により観光客が減少して売上が下がると，たちまち運転資金が不足して，経営が悪化する．そのままにしておけば，観光地が完全復興する前に，事業者が倒産・経営破たんしてしまうことになりかねない．

観光関連事業者の事業継続を支援することは，観光危機管理の主目的のひとつであるから，危機・災害に際して事業者の破たんが起こらないように，財務・金融面での支援の仕組みを計画に盛り込んでおく必要がある．財務・金融支援は，公的機関，民間金融機関の両方の協力が必要なので，予め地域の金融機関や信用保証協会などとどのような対応ができるかを検討しておく．

金融支援として最初に思いつくのは，被害を受けた施設・設備の復旧のための緊急融資だが，災害・危機による休業期間中の運転資金の不足への対応も重要な課題である．「つなぎ資金」の融資は当面のキャッシュ不足の解消にはなるが，その一方で，収益につながらない借入金が増加するという側面もある．それは企業のバランスシートを悪化させ，支払利子や返済すべき元本の額が増えることで，その後の経営の重石ともなりかねない．

こうしたときに有効なのは，元本返済や利払いの一時的な猶予と返済期間の延長（リスケジューリング）である．利払いが猶予されることで，その分のキャッシュの流出を防ぎ，最低必要な運転資金を確保しやすくなる．しかも，負債額を増やさないで済む．こうしたことは，危機や災害が起こってからではすぐに対応しにくいので，平常時から緊急時の金融支援のメニューの中に入れ込んでおくとよい．

コラム　「風評被害」ということばは自ら使わない

風評が発生したとき，その影響を受けた地域の当事者が「風評被害」ということばを使うと，思わぬ反発にあうことがある．自分たちにとってはたいしたことではないと思われる状況であっても，観光客はその地域に行ってだいじょうぶかどうか真剣に判断する．そのような状況で「これは風評です」とか「私たちは風評被害を受けています」などと当事者が言おうものなら，「100％安全なのだな」，「もし災害が発生したら，責任持てるのか」，「客に来てほしいから，100％安全でもないのに安全といっている」としっぺ返しを受けることになる．インターネット上であれば，「サイト炎上」ということにもなりかねない．やるべきことは，淡々と現場の状況を正しく伝えることに注力することだ．

休業や利用者の減少によって売上が落ちると，観光事業の経営者には，従業員の雇用の問題が重くのしかかる．経営者としては，従業員を一時帰休させたり解雇したりするのはなんとしても避けたいものだ．また，観光関連事業者の人材確保が厳しくなっている状況で一時的にせよ解雇すれば，営業を再開したときにその従業員が戻ってきてくれる保証はない．その意味でも雇用調整はリスクがある．しかし，雇用維持か倒産か，というぎりぎりの状況になれば，雇用に手をつけざるを得なくなる．そのような場合に備えて，利用可能な雇用継続支援のための国や自治体，商工会等の制度を予め調べて計画の中に入れておけば，いざというときに経営者も従業員も安心できる．手続きの窓口も具体的に記載しておけば，危機・災害時にすぐに対応し，従業員の雇用も経営も維持しやすくなるだろう．

災害時の財務支援と雇用継続支援の制度について，本章末の【参考資料】にまとめておいたので，参照されたい．

7.9. 従業員の人材育成

災害や危機のために長期間休業せざるを得ないときは，「危機を機会に変える」という発想で，従業員の人材育成を集中的にやってみてはどうだろうか．観光関連事業者とりわけ宿泊事業者は，ほぼ無休の 24 時間営業なので，普段，従業員がまとまって教育を受ける機会がなかなか作れない．その意味で休業期間はまたとない従業員教育の機会となる．

実際，2004 年のインド洋津波の際にホテルや観光関連事業者が大きな被害を受けたタイのプーケット県では，ILO（国際労働機関）が地元のさまざまな民間団体と連携して，観光関連企業の従業員の集合教育を実施した．教育プログラムは，基本から 5 つ星まで各レベルのホテルサービス，語学，バティックなどの工芸技術，観光分野で起業する方法など多岐にわたり，津波後の 1 年間で延べ 3,500 名が受講した．これにより，観光関連企業の従業員が職を失うことなく営業再開したホテルや観光施設に復帰し，以前よりもサービスレベルを高めることに成功した．

日本でも，東日本大震災後に休業のやむなきに至った東北地方のいくつかの旅館で，従業員教育が実施され，それが従業員の雇用維持と業務レベルの向上につながった．また，2007 年 3 月の能登半島地震で被害を受け，1 か月間の休業を余儀なくされた「加賀屋」では，客室係の「勉強会」の他，「異業種のプロに学ぶ」と題した特別講師による集合教育を行う，調理スタッフを東京や大阪の有名割烹やホテルなどに研修に派遣するなど，休業期間を実に有効に利用してスタッフのスキルアップを図った．

事例 フロリダ州リー郡の観光基金

米国・フロリダ州のリー郡（Lee County）では，郡内のホテルに宿泊する観光客

から宿泊料金の5％の観光開発税（Tourist Development Tax）を徴収している．1982年に住民投票によって導入された観光開発税は，観光コンベンションビューローの運営や観光プロモーション，ビーチの整備・清掃，冬季キャンプ用の野球スタジアム施設の整備など，郡内の観光開発・観光振興の主要な財源となっている．年間の観光開発税収入（2014年）は約3,800万ドル（42億円）で，そのうち半分以上が観光プロモーションやイベント等，観光コンベンションビューローの事業資金に充てられる．

　税収の一部は観光基金に拠出され，災害などの観光危機に対応するための臨時費用に使われる．これまでも，米国同時多発テロ後の復興プロモーションに50万ドル，ハリケーン・チャーリーの被害からの復興に150万ドル，メキシコ湾での原油流出事故の際のビーチの復旧に75万ドルなどが基金から支払われている．通常，予算外の支出は郡議会の決議が必要であり，支出の決定までに一定の時間がかかるが，基金からの支出には議会の審議・承認が必要ないので，災害対応等で緊急に資金が必要な場合にすぐに支出を決定して，観光の回復に向けたアクションが実施できる．基金が一定水準以上に積みあがった場合は，剰余分を観光施設の整備やマーケティングなどに活用することで，地域の観光振興に役立てることができる．

　今日，多くの自治体で一般財源が厳しく，通常の観光振興予算さえなかなか思うように確保できない現状がある．ましてや，危機や災害からの観光復興のために十分な補正予算を組むことはなおさら難しいだろう．リー郡の観光基金のように議会等の決議を経ずにすぐに利用できる資金源を準備しておけば，危機後の観光復興プロモーションをより早く計画し，実施することができる．それが，地域の観光のいち早い回

図7.1　フロリダ州リー郡のビーチ（Fortmyers-sanibel観光局）

復, そして地域経済全体の復興につながるのである.

事例 SARS からの観光復興（香港）

2002 年 11 月に中国で発生した SARS（重症急性呼吸器症候群）は, 2003 年にアジア各国やカナダなど世界に拡大した. 中国に次いで多くの発症者, 死者の出た香港に対しては, 2003 年 4 月に WHO（世界保健機関）から「不要不急の渡航の自粛」勧告が出され, 香港を訪問する旅行者数が前年の 3 分の 1 以下に減少するなど, 観光に大きな影響が出た.

観光が重要な産業の柱のひとつである香港政府は, SARS 収束後の観光の回復を確実なものとするため, 発症者数がまだ増え続けている時点から官民の特別チームを設置し, 観光復興プロモーション策の検討を開始した. 香港議会は, 世界各国に対する復興キャンペーンの資金として 4 億 1,700 万香港ドル（約 60 億円）の補正予算を承認し, 財政面で香港政府観光局（HKTB）の活動を全面的にバックアップした. HKTB は SARS の発生に伴い, 通常の観光プロモーションをすべて中止したが, その間も世界のあらゆる旅行市場の関係者に対して香港における SARS の状況について正確な情報発信を続けた.

WHO の香港に対する渡航自粛勧告は 5 月下旬に解除されたが, 香港が SARS 感染国のリストから外れるまでさらに 1 か月を要した. ついに 6 月 23 日に WHO の終息宣言が香港に出されると, それを機に世界規模の観光復活キャンペーンが開始された.

香港政府の経済開発労働長官と HKTB 会長が記者会見を開きキャンペーンの開始を発表したのに続き, 世界の 500 の放送局に対して HKTB のビデオメッセージが送られた. キャンペーンの前半は,「百聞は一見にしかず」のことばどおり, 世界の旅行業やメディア関係者を香港に招待して, SARS から完全に回復した「安全な」香港を実際に見て, 休験してもらうことに重点を置いた. キャンペーンの初期には 430 名を招待したが, このうち 130 名はヨーロッパの華僑系の旅行業関係者であった. 香港に縁のある華僑系の人々の方が早く香港に戻って来てもらいやすいだろうと, 華僑系に焦点を当てる戦略であった. また, 香港の観光において大きな比重を占める MICE を早期に回復するため, 当年に香港でイベントを予定していたオーガナイザーに強力な働きかけを行い, WHO が香港を SARS 感染国のリストから外した 2 日後に, ルイ・ヴィトンの地域会議が香港で開かれた. この会議が開かれたことで, 世界のイベント・オーガナイザーに香港でのイベント開催は問題がなくなったことがアピールできた.

世界の旅行市場で「香港はあなたを歓迎します（Hong Kong Welcomes You）!」キャンペーンが展開された. このキャンペーンのハイライトは, 世界の旅行業界幹部, セレブ, 政治家, 大使館関係者, メディア等 3,000 名を招待して開催された,

7.9. 従業員の人材育成 ┃ 97

「香港美食大賞」と題した歓迎パーティーであった．このキャンペーンの実施に当たっては，香港の旅行・観光産業が全面的に協力した．キャセイパシフィック航空・香港ドラゴン航空（当時）をはじめとする航空会社は，合計28,000席分の無料航空券を提供し，旅行業やメディア関係者の現地視察への招待や消費者対象のプロモーションの景品として活用された．ホテルも2泊分の料金で3泊目は無料のキャンペーンに協力し，2か月で10万泊の新規予約があった．

　9月以降は，「Hong Kong−Live it, Love it ！」（日本では「ハマル，ミリョク，香港.」）と銘打ったキャンペーンが世界16の主要市場で展開された．ニューヨークのタイムズスクエアやロンドンでのイベントの他，マルチメディアの広告キャンペーン，世界の花火の競演などさまざまなプロモーションが行われ，香港の観光は急速に復興した．世界的なサッカーチームであるレアル・マドリードやリバプール，中国のバスケットボール・ナショナルチーム，フィギュアスケーターのミッシェル・クワンやユーミン（松任谷由実），ジャッキー・チェンなどのスーパースターを招いたイベントを次々と実施し，世界の観光客をひきつけた．中国本土，韓国，台湾，オーストラリア，日本などの主要市場で大々的な新聞広告やテレビCMを打つとともに，合計520名の報道関係者を香港に招待した．その結果，世界中で香港の観光に関する記事や番組が露出され，それらを金額換算すると5億6,500万香港ドル相当となった．

　こうした業界を挙げた観光復興キャンペーンへの取り組みが功を奏し，翌2004年の夏ごろまでに香港を訪れる観光客数は，SARS以前のレベルまで回復した．

【参考資料】

1. 資金の援助

〈非常時に利用可能な公的支援制度〉

　　災害時には，被害を受けた施設・設備の復旧や，休業やお客様の急激な減少による運転資金の不足を補うために活用できる金融支援の制度がある．経営者や財務担当者は，政府系中小企業金融機関による災害復旧貸付やセーフティネット貸付など，災害時の公的支援制度を事前に理解しておくと，いざというときの資金調達に役に立つ．ここでは，その代表的な例を紹介する．

　　なお，以下は 2017 年 3 月時点の情報に基づくものなので，実際にこれらの制度を利用する際は，関係機関に詳細や最新の条件を確認のこと．

緊急事態・災害発生時の支援制度の一例

① 　小規模企業共済傷病災害時貸付

【概要】

　　疾病または負傷により一定期間入院をしたため，または災害救助法の適用された災害等または一般災害（火災，落雷，台風，暴風雨等）により被害を受けたため，経営の安定に支障が生じた場合に事業資金を貸付ける制度

【制度利用の要件（災害時）】

　　一般貸付の資格を取得している小規模企業共済契約者で次のいずれかに該当していること

　　① 　災害救助法が適用された災害，またはこれに準ずる災害として機構が認める災害の場合は，市町村の商工会，商工会議所，中小企業団体中央会から資格要件について証明を受けていること

　　② 　一般災害の場合は，市町村・消防署等から罹災証明を受けていること

【融資限度額】

　　原則 1 千万円

　　（複数の種類の契約者貸付をあわせて借りる場合は，2 千万円が上限）

【償還方法】

　　6 ヶ月ごとの元金均等割賦償還

【利率（年）】　0.9 ％

【返済期間】

　　貸付額により貸付期間が異なる

　　500 万円以下：3 年，505 万円以上：5 年

【実施者】

　　中小企業基盤整備機構

【窓口】

　　商工中金の本店または支店

② 災害復旧貸付

【概要】

　　災害により被害を被った中小企業に，災害復旧のための設備資金及び長期運転資金を長期・低利で融資する制度

【制度利用の要件】

　　災害により被害を被った中小企業

【融資限度額】

　　直接貸付：通常の貸付と別枠で1億5千万円

　　代理貸付：直接貸付の範囲内で別枠7,500万円

【利率（年）】

　　種類・期間により異なるが，おおむね0.31％～1.50％程度

【返済期間】

　　設備資金：15年以内（うち据置2年以内）

　　運転資金：10年以内（うち据置2年以内）

【実施者】

　　日本政策金融公庫

【窓口】

　　直接貸付：日本政策金融公庫各支店の中小企業事業の窓口

　　代理貸付：日本政策金融公庫中小企業事業の代理店の窓口

③ 経営環境変化対応資金（セーフティネット貸付）

【概要】

　　社会的，経済的環境の変化などにより，一時的に業況の悪化を来している中小企業者を対象とした経営基盤の強化を図るための融資制度

【制度利用の要件】

　　社会的，経済的環境の変化等外的要因により，一時的に売上の減少等業況悪化を来しているが，中長期的にはその業況が回復し発展することが見込まれ，次のいずれかに該当する中小企業

① 最近の決算期における売上高が前期または前々期に比し5％以上減少している

② 最近3か月の売上高が前年同期または前々年同期に比し減少しており，かつ，今後も売上減少が見込まれる

③ 最近の決算期における純利益額または売上高経常利益率が前期または前々期に比し悪化している

④ 最近の取引条件が回収条件の長期化または支払条件の短縮化等により悪化している

⑤　社会的な要因による一時的な業況悪化により資金繰りに著しい支障を来しているまたは来すおそれがある

⑥　最近の決算期において，赤字幅が縮小したものの税引前損益または経常損益で損失を生じている

⑦　前期の決算期において，税引前損益または経常損益で損失を生じており，最近の決算期において，利益が増加したものの利益準備金及び任意積立金等の合計額を上回る繰越欠損金を有している

⑧　前期の決算期において，税引前損益または経常損益で損失を生じており，最近の決算期において，利益が増加したものの債務償還年数が15年以上

【融資限度額】

7億2千万円

【利率（年）】

種類・期間により異なるが，おおむね0.31％〜1.50％程度

長期運転資金は上限3％

ただし，長期運転資金に限り，以下の要件に該当する場合は所定の貸付利率が控除される．

①　雇用の維持又は拡大を図る場合は，0.2％控除

②　次の(1)及び(2)のいずれも満たす場合は，0.2％控除

　(1)　中小企業等経営強化法に定める認定経営革新等支援機関または公庫の経営指導を受けて事業計画書を作成すること

　(2)　最近の決算期において，債務負担が重く経営の改善に迫られていること

③　①および②のいずれも満たす場合は0.4％控除

※なお，信用リスク・融資期間等に応じて所定の利率が適用される．

【返済期間】

設備資金：15年以内（うち据置3年以内）

運転資金：8年以内（うち据置3年以内）

【実施者】

日本政策金融公庫

【窓口】

直接貸付：日本政策金融公庫各支店の中小企業事業の窓口

7.9. 従業員の人材育成

④　中小企業等グループ施設等復旧整備補助金（グループ補助金）

【概要】

　　複数の中小企業等から構成されるグループが復興事業計画を作成し，認定を受けた場合に，施設・設備の復旧・整備について補助を受けることができる制度．対象となるのは，複数の中小企業等から構成されるグループ，事業協同組合等の組合，商店街など．

【制度利用の要件】

①　グループ等の機能の重要性（以下のいずれかに該当する必要がある）

⑴　グループ外の企業や他地域の産業にとって重要な役割を果たしていること

⑵　事業規模や雇用規模が大きく，地域経済・雇用への貢献度が高いこと

⑶　一定の地域内において，経済的・社会的に基幹となる産業群を担うグループであり，当該地域における復興・雇用維持に不可欠であること

⑷　地域コミュニティの維持に不可欠な商業機能を担うこと（商店街など）

②　震災による被害の大きさ

　　震災により事業所の全部又は一部に甚大な被害が生じていること　等

※東日本大震災，熊本地震で実施．

【補助率】

国 1/2，都道府県 1/4　合計 3/4 の補助を受けられる．

【補助スキーム】

　　補助金を受けたいグループ等は，該当グループ等の復興事業計画を作成し，都道府県に申請．都道府県は要件に該当する計画の認定を行い，国から県への交付決定を受けて，補助を行う．交付は，グループなどに属している企業・個人に実施される．

2．雇用に関する援助

雇用調整助成金

　　景気の変動，産業構造の変化，その他の経済上の理由により，事業活動の縮小を余儀なくされた事業主が，一時的な雇用調整（休業，教育訓練または出向）を実施することによって，従業員の雇用を維持した場合に助成される制度．この制度を活用すると休業手当を助成金で賄うことが可能となる．

① 雇用調整助成金の主な受給要件

1. 雇用保険の適用事業主であること.
2. 売上高又は生産量などの事業活動を示す指標について，その最近3か月間の月平均値が前年同期に比べて10％以上減少していること.
3. 雇用保険被保険者数及び受け入れている派遣労働者数による雇用量を示す指標について，その最近3か月間の月平均値が前年同期に比べて，中小企業の場合は10％を超えてかつ4人以上，中小企業以外の場合は5％を超えてかつ6人以上増加していないこと.
4. 実施する雇用調整が一定の基準を満たすものであること. 　(ア) 休業の場合 　　　労使間の協定により，所定労働日の全一日にわたって実施されるものであること. 　　※事業所の従業員（雇用保険被保険者）全員について一斉に1時間以上実施されるものであっても可. 　(イ) 教育訓練の場合 　　　(ア)と同様の基準のほか，教育訓練の内容が，職業に関する知識・技能・技術の習得や向上を目的とするものであり，当該受講日において業務（本助成金の対象となる教育訓練を除く）に就かないものであること. 　(ウ) 出向の場合 　　　対象期間内に開始され，3か月以上1年以内に出向元事業所に復帰するものであること.
5. 過去に雇用調整助成金又は中小企業緊急雇用安定助成金の支給を受けたことがある事業主が新たに対象期間を設定する場合，直前の対象期間の満了の日の翌日から起算して1年を超えていること.

※大規模な災害時には，特別措置として，受給要件が緩和されることがある.

② 受給額

助成内容と受給できる金額	中小企業	中小企業以外
1．休業を実施した場合の休業手当または教育訓練を実施した場合の賃金相当額，出向を行った場合の出向元事業主の負担額に対する助成（率） ※対象労働者1人あたり8,205円が上限. （2017年8月1日現在）	2/3	1/2
2．教育訓練を実施したときの加算（額）	（1人1日当たり） 1,200円	

《 ま と め 》

観光の復興

●危機・災害後の観光復興は，観光関連企業や団体の経営を維持するだけでなく，そこで働く多くの従業員の雇用を守り，家族の生計を維持する社会的責任.

●観光復興の基本は，"Build Back Better".

●観光復興には，
　1）交通インフラの修復・交通アクセスの復旧
　2）観光施設・宿泊施設の修復・再建
　3）観光プログラムの再開・新規開発
　4）復興に向けたプロモーション活動
が含まれる.

●復興に向けたマーケティング活動は，効果が出やすい市場を対象に優先的に行う.

●観光関連事業者の事業継続を支援することは，観光危機管理の主目的のひとつ.

●雇用継続支援の制度を計画の中に入れておけば，経営者も従業員も安心.

●長期休業せざるをえないときは，「危機を機会に変える」という発想で，従業員の人材育成を集中的に行う.

第8章
沖縄での観光危機管理の取り組み

　沖縄県は，日本の都道府県の中で，県の経済における観光の比重が最も高い観光県である．沖縄県では，東日本大震災をきっかけに，その観光を支える観光客と観光産業を危機や災害から守るため，「観光危機管理」の取り組みに着手した．本章では，その取り組みを紹介する．

　この取り組みは，東日本大震災直後の2011年に沖縄県観光危機管理モデル事業として開始され，その後，2016年に至るまで6年間継続して行われた．その間，筆者は事業の受託者あるいはコンサルタントとしてかかわった．

8.1. 観光は沖縄のリーディング産業

　「青い海，青い空」をシンボルに，豊かな観光資源に恵まれたリゾート県，沖縄．観光は，沖縄県のリーディング産業である．1972年に56万人であった沖縄県への観光客数は，2015年に776万人と40年余りの間に約14倍の成長を遂げた．県内の観光収入は6,022億円（2014年）と県内総生産の15.5％を占め，約8万人が観光関連の仕事に従事，県内雇用の12％を観光が創出している．

　県は，入域観光客1,000万人を目標として掲げ，さまざまな観光振興施策を強力に推進している．また，近年増加の著しい外国人観光客は，2017年に250万人を超え，目標としていた200万人を大きく上回った．

8.2. 沖縄で想定される観光危機

　沖縄は，年に何回も大型台風が接近・上陸する台風常襲地域にある．沖縄の台風の特徴は，周囲の海水温が高いため勢力が強く，台風の速度が遅いため長時間暴風雨が続くことである．時には県内で台風が停滞したり，通り過ぎた後にまた戻って来る場合もある．そうなると，時には風速50mを超える暴風が一昼夜以上吹き続け，陸上，海上，航空あらゆる交通機関が長時間にわたって運休する．走行中の車が暴風にあおられて横転したり，駐車場の車が吹き飛ばされることもあるほどで，暴風による観光施設への被害や，観光客の帰宅困難がしばしば発生する．台風の暴風圏内にいる

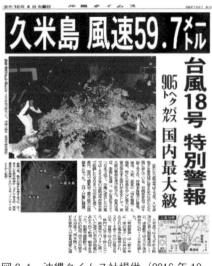

図 8.1 沖縄タイムス社提供（2016 年 10月 4 日号 1 面）

間，観光客はホテルから一歩も外に出られず，不安と退屈の中で台風が通り過ぎるのを待つほかない（図 8.1）．

沖縄は本土に比べると近年の地震の発生回数は少ないものの，周囲の海底にはマグニチュード 8 以上の地震を起こす可能性のある断層がいくつか存在し，地震に伴う大津波の発生も想定されている．実際，1771 年には大津波が発生，石垣島全体の 4 割が浸水するなどして，八重山諸島や宮古諸島など県内で 1 万人以上が死亡した記録も残っている．海が観光魅力の沖縄では，多くの宿泊施設・観光施設が海岸近くに立地しており，ひとたび大津波が発生すれば，これらの施設が大きな被害を受けることが予想される．

海やビーチが魅力の沖縄で，ビーチが使えなくなるような事態になれば，観光に大きな影響が出ることは間違いない．たとえば，沖縄近海でタンカー等の事故が発生し，大量の重油が本島西海岸のビーチに漂着するようなことがあれば，たちまちビーチ沿いのリゾートホテルは宿泊客が激減してしまうだろう．また，近年，本土の海岸にも現れているようなサメが沖縄の海岸に出没したり，毒性の強いハブクラゲが大量発生したりすれば，ビーチや海中でのマリンアクティビティができなくなる．これも観光にとっては大きな危機になる．

県内で発生する危機だけでなく，2001 年の米国同時多発テロ，2003 年の SARS，2011 年の東日本大震災など，県外で発生した事件や災害の影響で，観光客の予約が大量にキャンセルされたことや，その後の観光客の大幅な減少などによって，観光産業が大きな損失を被った経験もある．

沖縄では観光客，とりわけ外国人観光客の増加が著しいが，この喜ばしい状況は，翻ってみれば，ひとたび危機が発生すると，より多くの観光客が影響を受ける可能性があるということにもなる．

8.3. 観光危機管理面の課題

沖縄県は，本土から離れ，離島が散在するなど，そもそも防災に不利な地理的条件がある．また，限られた平地の狭い市街地に人口が密集しており，さらに観光客が急激に増加しているなどの社会的な状況も，災害時に住民や観光客の安全を守る際の課題となっている．

島嶼県である沖縄では，県外や県内離島を結ぶ交通手段は，空路と海路のみである．そのため，災害等によって航空や船舶の運航が停止した場合，県内に滞在している多くの観光客が帰宅困難になることが予想される．

また，沖縄県が実施した地震被害想定調査（2014年）によると，沖縄県域で津波が発生すれば，那覇空港や那覇港クルーズ船ターミナル，県内各地域の観光関連施設等が浸水被害を受ける可能性がある．空港や港湾施設が被害を受け，長期間にわたって使用できなくなった場合，陸路などでの迂回輸送ができない沖縄では，県内に滞在している県外および海外からの観光客が，相当長期間，帰宅できずに滞留することになる．そのような事態になれば，県外からの物資の輸送も停止し，県内での食料や日用品の供給に支障が生じるだろう．

観光危機管理の取り組みを開始する以前の沖縄県では，こうした危機・災害時の観光客の安全に関する課題に対して，県や市町村の地域防災計画で具体的な対応が示されていなかった．また観光関連事業者も，外資系や大手チェーンなどの一部のホテル以外は，消防の指導にもとづいて作成する消防計画以外に，まとまった危機管理計画がないのが実情であった．

8.4. 地域支援

地域支援は，本事業の目玉のひとつとなる取り組みである．各年度数か所の観光地域（必ずしも市町村単位とは限らない）を選定，専門家を派遣して，ワークショップ形式で，その地域の状況や観光特性にあった危機発生時の避難誘導計画や，コミュニケーション（危機時の情報収集・発信）計画を検討した．ワークショップには，地元市町村の観光および防災担当者，観光協会，観光関連事業者が参加し，安全確実な避難誘導方法を検討するとともに，避難ルートを実際に歩いて，地図上で検討したルートの安全性・実用性を確認するなどした（図8.2）.

観光危機管理の計画を検討する際に重要なことは，ピーク時の最大人数を正確に想定し，その人数がいるときに危機や災害が発生しても対応できるようにする，言い換えれば「想定外」を作らないことである．

ワークショップでは，地域で発生する可能性のある危機を洗い出すこと，観光のピーク時やイベント開催時に，いつ，どこに，何人の観光客がいるかを想定することが，最初の課題として参加者に与えられる．これが意外に難しい．○○まつりの5日間に合計2万人の来場者がある，ということはすぐにわかるが，「では，そのまつりの期間中のどの日の何時ごろ，一番たくさんの人がいるのか？　それは何人か？」と具体的に想定しようとすると，答えがなかなか見つからないことが多い．

ピーク時の人数がわかれば，あとは，その人たちをどこに避難させるか，どのルートを通って避難させるか，誰が誘導するか，自分の足で素早く避難できない人を，誰がどのように手伝うか，などを順に検討していけば，基本的な避難計画が徐々にまと

図 8.2　地域でのワークショップの様子と，作成された避難誘導マップ（沖縄県）

まってくる．

　しかし，議論が行き詰まることが時にはあった．たとえば，1万人以上の人が集まるビーチでの花火大会の最中に地震が発生し，30分以内に最大10mの津波の第一波が到達することを前提に避難誘導方法を検討したとき，時間内に全員を津波から安全な場所に避難させることが難しいことがわかり，議論が止まってしまった．また，避難場所である山側の高台に誘導しようとしても，ビーチと高台の間に幅が広く交通量の多い幹線道路があり，避難する観光客をどのようにしたら安全にこの道路を横断させられるかの解決法が見つからないこともあった．

　このようにワークショップの中で答えが出ないことも，実は「成果」である．つまり，現在の場所で現在の規模でイベントを開催している限り，そこにいる何千人の安全が確保しきれないという事実が，ワークショップを通じて初めて明らかにされたのだ．これを機に，開催場所の安全面でのインフラを強化する，災害時を想定して避難誘導体制を増強する，開催場所をもっと安全なところに変更するなど，抜本的な対策を検討することができるからである．

8.5. 先進地視察

　沖縄県としての観光危機管理対策を検討する上で，先進地の取り組みを参考にするため，タイのプーケット，オーストラリア，ハワイなどでの現地視察調査を行った．

　プーケットでは，2004年のインド洋津波当時に最前線で観光客の対応を行ったホテル関係者，病院，観光協会等から，当時の状況や被災した観光客への対応などをヒアリングするとともに，プーケット県庁で観光復興とその後の防災対応に関する説明を受けた．

　オーストラリアでは，世界観光機関（UNWTO）主催の「観光と危機管理の統合に関する国際フォーラム」に参加し，同国の国，州，民間事業者等の連携による総合的な観光防災の体制づくりについて学ぶとともに，沖縄での取り組みを紹介し，会議参

図 8.3　VASH でのヒアリング（左），ハワイ観光担当者とのミーティング（右）

加者から数々の貴重な助言をいただいた．

　ハワイでは，ハワイ州観光局（HTA）やホノルル市危機管理局，太平洋災害センターなどさまざまな機関・団体を訪問・視察した．ハワイ州政府と HTA，民間事業者の防災担当者の普段からの連携と，危機・災害発生時の対策本部の機能と役割，さらに危機発生に備えた運用訓練などに関する，貴重な学びの機会となった．

　先進地で学んだことは，その後の沖縄県観光危機管理基本計画，沖縄県観光危機管理実行計画策定に大いに参考になった．

　ハワイでの大きな収穫の一つは，Visitor Aloha Society of Hawaii（VASH）の活動を知ったことであった（図 8.3）．地元のロータリークラブの活動から発展して設立されたこのボランティア組織は，ハワイ滞在中にさまざまなトラブルに遭遇した観光客の手助けをする事業を行っている．地元の実業家をはじめとする多くの登録ボランティアは，観光客が盗難にあった，交通事故にあった，パスポートを紛失した，急に体調が悪くなったなどのトラブルにいつでも対応できるよう体制を整えている．日本語をはじめとする複数の言語にも対応でき，必要に応じて医療機関を紹介したり，通訳を行ったり，病院や領事館に付き添ったりしてくれる．財布をなくした観光客には，現金を貸すことはしないものの，会員に一斉に連絡して，可能な支援を依頼する．するとレストランのオーナーが無料の食事券を寄付してくれたり，ホテルから空港まで送ってくれたりなどの申し出があり，一文無しになって困り果てた観光客が，その申し出に感激するということだ．ハワイに滞在中にトラブルにあい，VASH のサポートを受けた観光客は，必ずハワイの大ファンになり，その後も何度もハワイを訪れたり，多くの人々に自分がハワイで受けた好意を伝えたりするという．VASH という観光客の危機対応の仕組みは，ハワイのブランドを高め，ハワイのファンを作る大きな働きをしているのである．

8.6. 海抜表示・避難誘導標識

　その土地になじみのない観光客にとって，津波からの避難の際に自分が海からどの

くらいの高さにいるのかを知るのは難しい．観光客でも，自分がどのくらいの海抜にいるのかが一目でわかるよう，沖縄では県内の主要観光地や観光施設内に海抜表示を設置した（図8.4）．海抜5mまでは赤，6mから19mは黄色，20m以上は青と色分けし，海抜表示の色で津波からの危険度が直感的にわかるようにした．また，表示は日本語，英語，中国語，韓国語の4か国とし，外国人観光客でも海抜表示の意味がわかるようにしてある．

　海抜表示は，ビーチや港の近くの道路や屋外の観光施設はもとより，周辺のホテルや観光施設内，海から離れていても河川などを通って津波が遡上するおそれのある市街地など，津波の浸水の可能性のあるさまざまな場所に設置した．ホテルのなかには，屋内の非常階段の踊り場にも海抜表示を取り付けて，津波からの避難の際に，自分がどのくらいの高さまで階段を上がってきたのかがわかるようにしたところもある．

　海抜表示を設置すると，「ここは海抜が低く，津波のときは危ないということはわかるが，では，どちらに避難したらいいかが海抜表示だけではわからない」という声

図8.4　海抜表示の例（沖縄県）

図8.5　さまざまな場所に設置された海抜表示

が上がってきた．現在では，海抜表示に避難場所の方向と距離を示す誘導標識を併設するようにしている（図8.5）．

8.7. セミナー・シンポジウム

観光危機管理は，県の行政組織だけで実行できるものでなく，市町村や民間事業者，民間団体，さらに住民が参画することで具体的なアクションが可能になる．そのため，こうした幅広い関係者に観光危機管理の重要性を啓蒙し，それぞれが主体的に観光危機管理の取り組みに参画するよう促すことが，観光危機管理を実際に動かすためにたいへん重要になる．

そのため沖縄県では，本事業の一環として観光危機管理に関するセミナーやシンポジウム，研修会を毎年開催してきた．行政や観光関連事業者だけでなく一般の市民も参加できる観光危機管理の概要を知ってもらうセミナー，離島や北部などでその地域

表8.1 セミナーの例

セミナーの種類	対象者
観光危機管理セミナー	観光関連事業者，市町村担当者，一般県民
危機管理コミュニケーションセミナー	観光関連事業者，市町村担当者
地域別危機管理セミナー	離島などの観光関連事業者，市町村担当者
業種別観光危機管理セミナー	宿泊施設，観光施設，交通事業者等

図8.6 シンポジウム・セミナーの様子

図8.7 シンポジウムの中での避難訓練

の特性を踏まえて観光危機管理を考えるセミナー，業種別の研修，市町村担当者向けのセミナーなど，必要や目的に合わせて多様なセミナーや研修を実施している（表8.1，図8.6）．

また，毎年3月11日前後の日程で，観光危機管理シンポジウムを開き，国内外から招いた観光危機管理の専門家や大規模災害を経験した観光関係者等による基調講演や，学識経験者と行政機関の担当者，観光事業の現場で危機管理に携わる担当者などによるパネルディスカッションなどを行い，広く県民に観光危機管理への理解と参画意識の向上を促している．シンポジウムの一つの特徴は，参加者を対象として，地震・津波を想定した避難訓練を行うことである．参加者に実際に災害のイメージをもっていただくとともに，シンポジウムを開催する会議施設自体の避難誘導訓練としても効果的である．シンポジウムの様子はテレビや新聞の報道で紹介され，参加できなかった県民にもその概要が伝わるようになっている（図8.7）．

8.8. テレビ番組

沖縄県の観光危機管理の取り組みの特徴のひとつは，観光関連事業者や県民全般への啓発に，テレビを活用したことである．年間のさまざまな取り組みを番組制作スタッフが収録し，毎年3月に県提供の特別番組として放映した．

事業を始めた当初は，セミナーやシンポジウムなどのイベントの取材を依頼し，ニュース番組の中で紹介したが，観光危機管理の考え方や取り組みをもっとしっかりと県民に伝えるためには，長くても数分間しか放映されないニュースよりも，しっかりとしたシナリオのある番組の方が大きな効果が期待できると考え，事業の一部として番組提供を予算化した．

年度初めに，県内の複数のテレビ局による企画競争を実施し，放送の企画案と観光

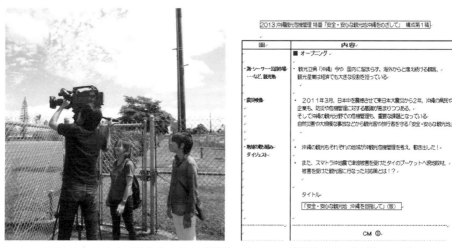

図8.8 ハワイで収録するテレビ制作スタッフ，番組台本案（沖縄テレビ）

危機管理の理解度の両方が最も優れた局と契約を結んだ．契約した局は，年数回開かれる検討委員会の様子や，専門家による現場視察，地域でのワークショップや3月のシンポジウムなど，事業をさまざまな角度から収録した．2012年のタイ，2013年のハワイの先進地視察にも取材クルーが同行し，私たち事務局スタッフと意見交換をしながら番組イメージや収録内容を固めていった（図8.8）．

テレビ番組の他にも，コミュニティーFM局の特別番組や新聞の記事広告など，複数のメディアを織り交ぜて，いろいろな情報チャネルを通じて県民に観光危機管理を浸透させるよう取り組みを行っている．

その成果は顕著に表れている．2011年，当事業を始めた頃，沖縄県内には「観光危機管理」ということばはまったく知られていなかったし，その内容や必要性を認識している人もほとんどいなかった．今，多くの人が「テレビで見ましたよ」と観光危機管理を認知しており，具体的な取り組みについても理解が高まっている．

8.9. 観光危機管理基本計画の策定

沖縄県で観光危機管理の取り組みを推進するうえで，ひとつの壁が見えてきた．

これまで紹介したような，個別具体的な対応は着実に進んできた．しかし，観光危機管理は住民の防災のように法的な根拠（災害対策基本法）や，観光振興のように施策の根拠となる計画（沖縄県観光振興計画）がないため，将来にわたり継続的に施策を実施する保証がない．県全体の予算が厳しくなれば，法的根拠のない観光危機管理への予算は真っ先に削減されたり，取り組みが止まってしまう可能性もある．また，市町村にそれぞれの観光危機管理計画の策定を促そうにも，行政上の根拠がないままでは，市町村が自主的に取り組みを行わない限り前に進まない．

そこで沖縄県は，2014年度に「沖縄県観光危機管理基本計画」，2015年度に「沖縄県観光危機管理実行計画」を策定し，これらの計画にもとづき，県内の市町村や観光関連事業者の観光危機管理に対する取り組みを促進することとした．都道府県が観光危機管理に関する総合的な計画を策定するのは，全国でも初めてであり，また，これは国連防災戦略事務局が推進している「国・地方レベルの総合的な防災計画に観光分野を取り込む」という方針を先取りする画期的な計画である．

基本計画，実行計画ともに，それぞれ1年間かけて委員会で検討を行い，県民からのパブリックコメントを経て，最終的に知事を本部長とする沖縄県観光推進本部の会議で決定した．このプロセスを経ることによって，観光危機管理計画が沖縄県の公式な計画として認知されたのである．

この観光危機管理基本計画は，「観光危機管理対策について，既存計画等で定められている場合は，当該既存計画等に基づいて観光分野に係る対応を行うものとし，既存計画等で定められていない場合は，本計画に基づいて対応を行うものとする」と位置付けられ，それぞれの計画役割分担が明確にされているのである（図8.9）．

8.9. 観光危機管理基本計画の策定 | 113

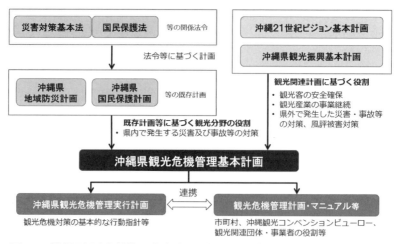

図 8.9　沖縄県観光危機管理基本計画の位置づけ（沖縄県資料をもとに作成）

　たとえば，大地震発生時の観光客の避難誘導，避難所への受入れ，自然災害で被災した観光関連事業所の把握，事故・災害で負傷した外国人観光客の救助，救護，医療などは，県や市町村の地域防災計画で対応できる．

　ところが，地震後に避難所に避難した外国人観光客の本国への帰宅支援，自然災害の被災地に近いが通常営業を継続している観光関連事業者に関する情報発信，事故・災害で死亡した外国人の遺体処理と本国への移送，国外・地域外で発生した観光危機への対応，被災した観光客の家族・関係者への対応，観光復興プロモーションなど，観光危機管理上重要なことでも，地域防災計画に規定されていないことが多くある．これらについてこの計画に規定することで，観光危機発生時に漏れのない対応ができるようになるのである．

8.10. 今後の取り組みと課題

　沖縄県観光危機管理基本計画，沖縄県観光危機管理実行計画が策定された．しかしこれらはあくまでも「県」が主語になっている計画である．

　観光客の安全確保や，観光関連事業の事業継続・復興の成否は，日々観光客に直接対応している現場の観光関連事業者や市町村が，この計画に沿って行動できるかどうかにかかっている．現在，沖縄県では市町村や事業者の観光危機管理マニュアルづくりを推進し，必要な支援を行っている．

　こうした現場レベルの危機対応計画が県の計画と密接に連携できたとき，はじめてこの観光危機管理の体制が本当の意味で機能し，沖縄が安全・安心なリゾートとして胸を張ることができるだろう．

　もうひとつの課題は，これらの計画やマニュアルの内容が，どれだけ関係者の身につくかどうかだ．つまり，計画やマニュアルは繰り返し訓練を行い，関係者がすぐに

的確に行動できるようにならなければ，「絵に描いた餅」になってしまう．個々の事業者単位の訓練だけでなく，地域の関係者が連携して実際の危機場面を想定した，より実践的な訓練を行うことで，いざというときに備えることができる．

> **事例** 観光危機管理の実態調査（アンケート結果）

沖縄県では，2011年から2013年の3年間，観光危機管理事業の一環として，県内の市町村や観光協会，観光関連事業者を対象とするアンケートにより，観光危機管理への取り組み状況に関する実態調査を実施した．

その結果の一部を以下に紹介するが，沖縄県だけでなく，他の都道府県においても同じような実態であることが想像できる．沖縄県の調査結果を参考に，ぜひ自分の都道府県の状況を把握し，観光危機管理への取り組みを進めていただきたい．

1．危機管理マニュアルや対応マニュアル

(1) 危機管理マニュアルや対応マニュアルがあるか（図8.10）

危機管理マニュアル・災害対応マニュアル等について，事業者の66％が「ある」と回答している．自治体等については，マニュアルの種別ごとにその有無を訊いたところ，「地域防災計画以外の危機管理計画やマニュアル」は22％，「災害・事故対応マニュアル・ガイドブック」は36％が「ある」と回答，いずれも回答があった市町村30件のうち，4分の1程度にとどまる．

(2) 危機管理マニュアルや対応マニュアルは，どのような災害・事故に対応したものか（図8.11）

自治体等と事業者で，想定している災害・事故の種類や範囲が異なる．自治体等は台風，津波，地震など，被害が広域にわたる可能性のある自然災害には半数以上が対応している．

事業者については，2011年度と比較し，地震（50％→57％），津波（33％→45％）と，沖縄県で想定している自然災害への対応マニュアルの整備が促進

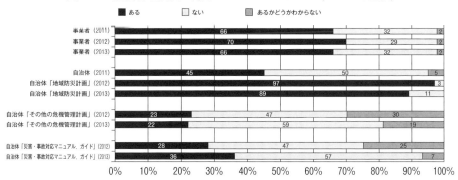

図8.10　危機管理計画や対応マニュアルがあるか（ひとつを選択）

されている．自治体においても2012年度比で地震（55％→73％），津波（64％→73％）と増加し，地震・津波に対応したマニュアルの整備が着実に進んでいる．

その他回答　事業者：水難事故，ネットワーク障害，食品衛生，感染症など
　　　　　　自治体：竜巻，国民保護計画の発動など

図8.11　危機管理計画や対応マニュアルはどのような災害・事故に対応したものか（あてはまるものすべて）

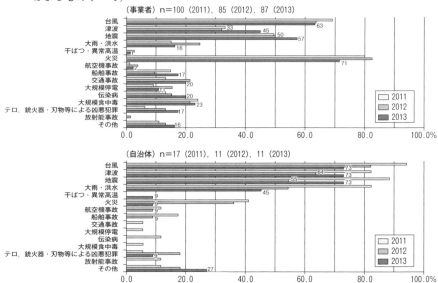

図8.12　危機管理計画・対応マニュアルは誰の安全をはかるためのものか（あてはまるものすべて）

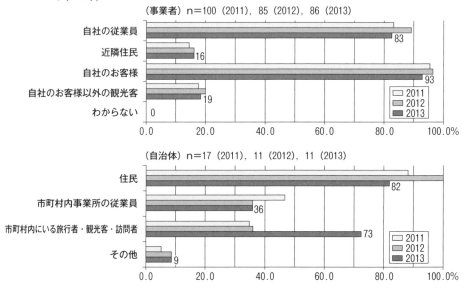

(3) 危機管理マニュアルや対応マニュアルは，誰の安全をはかるためのものか（図 8.12）

事業者については，「自社のお客様」93 %が「従業員」83 %を超えて高いものの，「自社のお客様以外の観光客」を対象とするケースは約 19 %と低い．

自治体等について，「住民」が主な対象でありながら，2013 年度は「旅行者・観光客・訪問者」を対象としている自治体が約 73 %と 2012 年度から倍増し，これまでの取り組みの成果が見て取れる．

(4) 危機管理マニュアルや対応マニュアルの運用

危機管理マニュアル等の組織内での周知について，「全員が知っている」は事業者で 34 %，自治体では 40 %であった．「全員が知っている」の割合は緩やかではあるが増加傾向にある（図 8.13）．このマニュアルを実行できるかについて，「全員が実行できる」は事業者では 20 %を超え，調査開始以降，訓練等の実施による運用スキルは高まっているように見受けられるが，自治体では「半数以上は

図 8.13 社員・職員は危機管理マニュアルや対応マニュアルがあることを知っているか

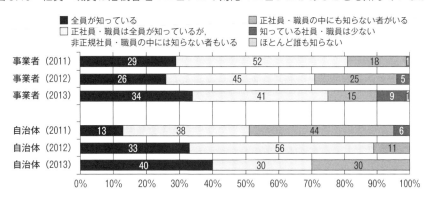

図 8.14 社員・職員は危機管理マニュアルや対応マニュアルを実行できるか

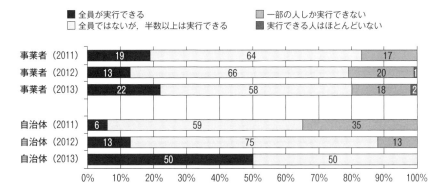

図 8.15　対応マニュアル等に基づいた訓練が実施されているか（ひとつを選択）

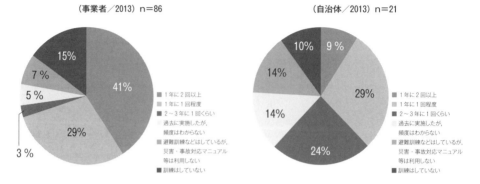

図 8.16　他の組織と連携した訓練・取り組みが実施されているか（ひとつを選択）

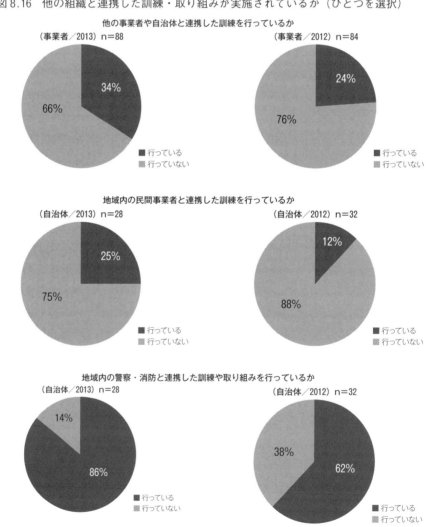

第 8 章　沖縄での観光危機管理の取り組み

実行できる」が約半数と，"全員"が実行できるようになるための取り組みについては，まだまだ途上であると言わざるを得ない（図8.14）．

(5) 訓練の実施

約40%の事業者で，年に2回以上の訓練が実施されており，年に1回以上実施している事業者は全体の約4分の3にのぼる．一方，年に2回以上の訓練を行っている自治体は9%．年1回（29%）や2～3年に1回（24%）が多く，訓練頻度が事業者と比較すると相対的に少ない（図8.15）．

他組織との連携に基づいた訓練を行っているのは事業者で約3分の1（2012年度から10ポイント上昇）．自治体では，民間事業者との連携は2012年度の12%から25%に改善，地域の警察・消防等との連携も62%から86%と増加している（図8.16）．今後も，実効性のある訓練実施のために，自治体と民間事業者との連携促進が求められる．

2．災害発生時における対応・対策

災害発生時における観光客の誘導

災害時に観光客を誘導する場所については，事業者の74%，自治体の57%が「決めている」と回答した（図8.17）．年々，誘導場所を決定している事業者・自治体が増加しており，取り組みの成果がみられる．

避難マップの有無については，事業者においては約4分の1が「ある」と回答．自治体は，「ある」と回答した箇所が2011年度に19%だったものが2013年度には48%と大幅に増加している（図8.18）．

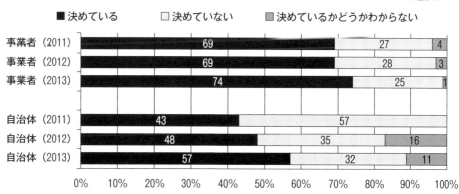

図8.17 災害時，旅行者・観光客をどこに誘導するか決めているか（ひとつを選択）

災害時の社員の役割については，事業者の約60％が「決まっている」が，40％は決められておらず，マニュアル等の正確な運用に課題がみられる（図8.19）．

外国人の避難誘導については，事業者の約70％で一定程度の対応ができるとしているが，ある程度の対応ができると回答した自治体は40％に満たず，「対応できない」が半数にのぼるなど，自治体における外国人観光客への対策遅れがみられる（図8.20）．

図8.18 旅行者・観光客を誘導する避難マップがあるか（ひとつを選択）

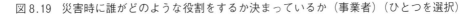

図8.19 災害時に誰がどのような役割をするか決まっているか（事業者）（ひとつを選択）

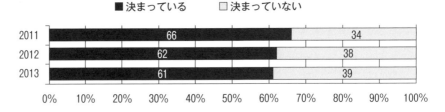

図8.20 災害時に外国人の避難誘導ができると思うか（ひとつを選択）

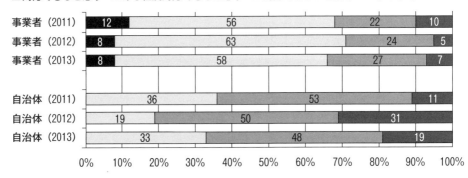

事例 ザ・ブセナテラスの取り組み

　ザ・ブセナテラスは，2000年に開かれた「九州・沖縄サミット」の主会場のひとつで，沖縄県内でも災害・危機への備えがきわめて顕著なホテルである．ここでは，ザ・ブセナテラスの観光危機管理への取り組みを紹介する．

　ザ・ブセナテラスは，沖縄本島の北部，名護市の部瀬名岬に位置し，410の客室と8つのレストランを持つリゾートホテルである．また同じ岬内には，国際会議施設の万国津梁館，海中展望塔，グラス底ボートの乗り場などがあり，修学旅行生などホテル利用者以外の観光客も多い．

　ホテルは，岬の岩盤の上に建てられており，エントランス付近は海抜15m程度の高さにある．地形とホテルからの景観を意識し，このような建て方になったものと考えられるが，防災上きわめて安全度の高い建築である．すなわち，ビーチリゾートのホテルは，海岸に近い場所に建てられるのが一般的だが，そのような立地は高波や津波などに対して脆弱である．それに比べて，ザ・ブセナテラスは，硬い岩盤の上であるので地震にも強く，ホテルの多くの部分は，この場所で想定される津波の最大波高を超えた海抜にある．しかしながら，岬の付け根部分は海抜が低く，津波の際に浸水し，岬の一部が孤立する可能性がある．ホテルとしては，そのような事態が発生した場合，自分たちの身は自分たちで守らなければならないという危機感にもとづき，危機管理の仕組みを整備している．

　ソフト面でも，同ホテルは10mの津波を想定した危機管理計画があり，施設内のどの担当者が，利用客をどこに誘導するかが明確になっている．また，非常時の緊急連絡の仕組みとして，ホテル内の防災センターを司令塔に，ホテル全館はもとより，隣接する万国津梁館，海中公園，ビーチへの一括発信電話による緊急発信が可能である．

　訓練も徹底しており，毎回の防災訓練には，50～70名のスタッフが参加し，応急

図8.21　ザ・ブセナテラス（ザ・テラスホテルズ）

救護や消火訓練を行っている．参加するスタッフのうち，40名が客役になり，残りのスタッフで誘導や救護を担当するなど，実践的な訓練を行っている．消防，警察の協力による岬部全体の総合訓練も実施しており，訓練の中には岬が孤立したことを想定した，海上からの救出訓練も含まれている．

また，名護市消防本部の指導により，約400名のホテルスタッフのうち200名以上が救護訓練を受けており，災害時にけがをした利用客の救護も万全である．

こうした危機管理の体制は，経験を積んだ現場の防災・施設管理担当者の日々の努力に加えて，同ホテルの運営会社であるザ・テラスホテルズの経営トップが，危機管理の必要性を十分理解し，自ら危機管理に関する研修やセミナー等に積極的に参加して，現場の担当者をさまざまな面で支えていることが特徴である．

そのため，訓練等で危機管理上の課題が見つかると，すぐに対応がなされる．一例を挙げると，津波の恐れがある際に海中公園から高台に向かう避難ルートは，ホテルの敷地内を通るため，以前はセキュリティ上の理由から施錠できる木製の扉がついていた．しかし，訓練の中で，早朝や夜間など，扉が施錠されているときに高台に避難しようとしても，最短の避難ルートを通ることができないとの指摘があった．ホテル側は，その指摘を受けてすぐに扉を撤去した．ホテル敷地内に部外者が簡単に入ってくるリスクよりも，津波避難の際に，最短避難ルートを利用できないリスクの方が大きいと判断したのである．

事例 人口1,200人の危機管理先進地，伊平屋島

伊平屋は，沖縄本島の北西沖に浮かぶ人口1,200人の小さな離島である．沖縄近海での地震が発生すれば，島内の中心地に最大7.6mの津波が到達し，海抜10.9mの地点まで浸水する可能性があると予想されている．そうなれば，島内の主要な集落，道路が浸水し，さらに港に停泊中のフェリーや漁船が陸上に押し流されてくる恐れがある．地震・津波以外でも，台風や冬の季節風等で海が荒れれば，数日から1週間にわたって沖縄本島と結ぶフェリーが欠航し，島が孤立することもある．

伊平屋村は，観光にも積極的に取り組んでおり，特に毎年秋の「ムーンライトマラソン」開催時は，島の人口より多い約1,800名の参加者と同行者を，文字通り島を挙げて歓迎する．このときには，村内の宿泊施設だけでは観光客を収容しきれないため，民家や体育館，海岸のキャンプサイトなどあらゆる場所を宿泊場所として提供する．そのようなときに地震や津波が発生すれば，住民と観光客に大きな被害が及ぶことが予想される．大災害以外でも，観光客の急病や海での事故による死傷など，さまざまなリスクが発生しうる．

伊平屋村には，警察官が1名駐在しているが消防署はなく，役場の駐車場に停めてある消防団の消防車と救急車を使って消防・救急活動を行っている．消防団の団員は，役場の職員が中心になっているため，救急要請があると役場の建物から飛び出し

て，直ちに出動できる態勢になっている.

　伊平屋は，防災・危機管理の面からみると実に厳しい環境ではあるが，それゆえに自分たちの島と，島に来てくださる観光客の安全は，自分たちが守らなければならないという固い意志が村民の間で共有されている．津波を想定した全島を挙げた避難訓練では，集落ごとの避難場所に村民が集まってくる．素早く走れない高齢者は，緊急時に唯一運転が認められる車両であるスーパーの配達用ワゴン車や，リヤカーに乗せられて高台まで安全に連れてこられる．村民が集まると，点呼で安否を確認し，その後は通報訓練や人工蘇生の訓練が行われる．小学生も心臓マッサージや役場への通報訓練に積極的に参加し，きちんと非常時の対応のスキルを身につけている．ちなみに，伊平屋で119番通報すると，沖縄本島名護市の消防指令センターにつながり，そこから伊平屋村役場に転送されることになり，一刻を争うときに無駄な時間を費やすことになるので，緊急時は直接役場に電話するよう，子どもたちも教え込まれている.

　島で対応できないような重症の場合や，急を要するときは，救急ヘリを要請する．役場のスタッフはこれにも慣れており，応急処置をしながら救急用ヘリポートに傷病者を運んで，本島の施設の整った救急病院に搬送できる．「自分たちのことは，自分たちが守らない限り，誰にも助けてもらえない」ことが，沖縄の離島の危機管理を支えているのである.

事例　島嶼観光政策フォーラム 2012

　観光が盛んな世界の島々が年1回集まり，観光政策について情報やアイデアを交換したり，相互協力を強めたりする国際会議「島嶼観光政策フォーラム（ITOP＝Inter-Islands Tourism Policy Forum)」が 2012 年に沖縄で開かれた．テーマは，"Natural Disaster Crisis Management in Inter-Island Tourism Regions"（島嶼観光地域における自然災害の危機管理）であった（図 8.22).

　当時，沖縄県では観光危機管理モデル事業が 2 年目を迎え，県内でも観光危機管理の重要性・必要性に対する認識が高まってきたこと，プーケットやスリランカなど，近年大きな災害を経験し，そこから観光を復興させてきた島嶼地域が会議のメンバーに入っていたことなどが，この年のテーマとして観光危機管理を選択することにつながった.

　私自身も県からの要請を受けてこの会議の事務局に参画し，国際会議のプログラム作りや会議での宣言文の起草など，普段ではなかなか携わることのできない仕事を経験する機会を与えられた.

　会議では，参加した国・地域のさまざまな観光防災・危機管理に関する取り組み事例などが紹介された．プーケットやスリランカの代表は，2004 年 12 月 26 日のインド洋津波で多くの観光客が犠牲になり，ビーチなどの観光地・観光施設が大きな被害

図 8.22

を受けた後，どのように観光復興させていったか，自らの体験にもとづくプレゼンテーションが印象的であった．

観光危機管理のマイスター的存在であるバート・ヴァン・ウォルビーク氏の基調講演やそれに続くパネルディスカッションで，観光面における防災・危機管理に関する議論を深めるとともに，観光危機管理における国際協力の可能性なども話し合われた．会議の成果物である共同宣言には，危機・災害が発生した場合のITOP参加国間の相互協力などが盛り込まれ，観光危機管理の国際連携に向けて大きな一歩を踏み出すことができた．

また，会議のホストを務めた沖縄にとっては，世界に対して「安全・安心なリゾート」づくりを進めていることを発信するまたとない好機となった．

《 まとめ 》

沖縄での観光危機管理の取り組み
- 沖縄は，年に何回も大型台風が接近・上陸する台風常襲地域にあり，暴風による観光施設への被害や観光客の帰宅困難がしばしば発生する．
- 沖縄県の観光危機管理事業では，
  1）地域支援（ワークショップ）
  2）先進地視察
  3）海抜表示・避難誘導標識の設置
  4）セミナー・シンポジウム
  5）テレビ番組制作
  などを実施した．
- 沖縄県は，都道府県として初めての観光危機管理に関する総合的な計画，「沖縄県観光危機管理基本計画」と「沖縄県観光危機管理実行計画」を策定した．

第9章
気仙沼市観光復興戦略づくりの取り組み

　気仙沼市は宮城県の北東に位置し，森進一のヒット曲「港町ブルース」にもうたわれる国内有数の水揚げを誇る水産業のまちである．2011年3月，気仙沼は東日本大震災の津波で甚大な被害を受けた．10メートルを超える高さの津波が海岸から数キロの内陸部まで遡上し，港に停泊していた大型漁船が，海岸から何百メートルも内陸まで押し流された．海岸にあった22基の石油タンクが津波で根こそぎにされ，大量の油が湾内に流出した．流された車や船のエンジンから出た火が海上に流れ出た油に引火し，気仙沼のまちは丸1日以上火の海となった．

　気仙沼の観光ポイントであった，港まちエリア，魚市場，「シャークミュージアム」などは津波で破壊された．町の沖に浮かぶ気仙沼大島では，津波が島を横断し，港の桟橋が壊され，フェリーが流され，島の北側の亀山展望台に上るリフトは火災によって焼失した．夏，多くの海水浴客でにぎわう市内各地のビーチは，津波で砂が流されたり，がれきが海中を埋めたりしたため，遊泳不能となった．さらに，ホタテやウニ，アワビ，ホヤ，フカヒレ，ワカメなど気仙沼自慢の海の幸も，養殖いかだが津波で流されたり，流出した油が海中に沈殿したりしたため，大きな被害を受けた．新鮮な魚介類が売りの民宿の多くも，建物が浸水したり全壊したりしただけでなく，営業を再開できた施設でも自慢のウニやアワビが油臭くて食べられなくなるなど，致命的といえるほどのダメージを受けた．

　このように気仙沼の観光は，津波によって壊滅的な被害を受けたのである．しかも，震災後しばらくは，行方不明者の捜索や市内全域の被害状況の把握，被災者のための住宅確保など，最優先で対応すべき課題が山積していたため，観光の復興など考える余裕がなかったと思われる．

　震災から半年後，気仙沼市は震災からの復興計画を取りまとめた．計画中の「産業再生と雇用創出」の節では，主要産業である水産業の復興に次いで，「地域資源の魅力を生かした観光の展開」というタイトルで観光復興が取り上げられた．津波の被害を受けた観光施設の修復・整備が計画の中心だが，具体的な観光復興プロジェクトのトップに「観光戦略会議の設置と関連団体の組織強化支援」が掲げられていた．これ

が，その後の観光戦略と実行計画づくりの根拠となった．

9.1. 一本の電話から

　震災の翌年，2012 年 2 月の初めに，JTB の同期入社の親しい友人で，当時早稲田大学に出向していた橋谷田雅志から電話が入った．聞けば，震災以来，早稲田大学ではゆかりのある気仙沼市に学生や職員のボランティアを継続的に派遣し，そのコーディネーター役を彼が務めているというのである．ひととおりの背景を説明し終わり，橋谷田は切り出した．「高松，観光分野の災害復興を専門に研究している大学の先生，誰か知らないだろうか？　ボランティアたちと何度も気仙沼に行き，親しくなった市役所や商工会議所の方々から，気仙沼市の観光復興戦略を検討する会議の委員長になっていただける学識経験者を紹介してほしいと頼まれているんだ．」

　少しの間，私の知っているさまざまな学識経験者を思い浮かべてみた．防災の専門家は震災以降，あらゆるメディアに登場しているが，その中で災害後の観光復興のことを研究している人は思い当たらない．逆に観光の研究者の中で，防災や観光復興に詳しい人はどうだろうか？　何人か頭に浮かんできたが，みな外国人で日本の研究者は誰もいない．「橋谷田，申し訳ないけど，求めているような先生は，国内にいないと思うよ．」と私は答えた．

　早稲田大学や慶應義塾大学でもあたってみたが，適任者がいなくて困っているようだった．事情を聞いて，なんとかしてあげなければという思いが一層高まった．そのとき，ふとアイデアが頭に浮かんだ．大学の研究者でなくてもいいのであれば，観光と防災の両方について専門的知見のあるのは自分自身だ．そこで，震災以降の観光危機管理の取り組みを彼に話し，私がその役目を引き受けてもいいと伝えると，「わかった．気仙沼市の担当者にその話をしてみるよ．高松に引き受けてもらえるなら，ありがたい．」と少し明るくなった橋谷田の声が返ってきた．

　数日後，気仙沼市の加藤正禎観光課長（当時）が上京し，これまでの沖縄での観光危機管理事業における取り組みや，気仙沼市で進めようとしている観光戦略会議について，2 時間ほど話し合いをした．その週のうちに再び気仙沼市から連絡があり，私が観光戦略会議の委員長に就任することについて，市長の了解が得られたとのことであった．こうして，津波で被災した町の観光を復興するための戦略計画づくりという，非常に大きな役割を担うことになった．

9.2. 当時の気仙沼

　初めて気仙沼を訪れたのは，2012 年 3 月の第 1 回観光戦略会議が開かれたときだった．それまでも仙台や松島，南三陸などの震災被災地には行ったことがあったが，気仙沼に行く機会はなかった．一関から気仙沼に車で入ったが，津波の浸水を免れた高台の気仙沼駅や市役所のあたりは，ほとんど震災の様子を感じさせなかった．

ところがひとたび市役所横の坂を港の方に下って行くと，それまでとはまったく異なる風景が目の前に広がった（図 9.1）．

がれきこそ片付いてはいるが，まちの中心部であったあたりには，壁に穴が空いたり，土台だけ残った建物が散在していた．市内には，津波の被害を免れ，早期に復旧して営業を再開している旅館や民宿などがあったが，宿泊客の多くは復興関係の業務で気仙沼に来ている人たちと，企業や個人のボランティアだった．

気仙沼を訪れる観光客は大きく減少したものの，被災地の状況を体感するとともに，現地での消費を通じて被災地を支援したいと考えるシニア層が，いわゆる「被災地観光」を目的に気仙沼に訪れていた．「復興商店街」も営業を開始していて，飲食店では地元の人に混じって観光客やボランティアが気仙沼の味を楽しむ様子が見られた．ボランティアや被災地観光で気仙沼を訪れた人々は，気仙沼で魅力的な市民と接することで再訪意向を抱くようになっていた．まちの復興の歩みは緒についたばかりだったが，観光の復興の兆しは少しずつ見えてきていた．

1 階の壁がすべて抜けた書店

津波で破壊されたバス

津波で流された浮見堂（気仙沼市観光局）

かつて水産加工場があった場所

図 9.1　気仙沼の状況（2012 年）

9.3. 気仙沼市観光戦略会議

　観光戦略会議は，2012年3月から翌年3月まで10回開催された．全体会議の他に，基本方針検討部会，オンリーワン検討部会，観光コンテンツ創出部会，コミュニケーション部会，観光施設整備検討部会の5つの作業部会が設置され，それぞれ数回の会議を重ね，観光戦略計画の細部や具体案の検討を行い，それを本会議に答申・提言した．

　作業部会は，観光戦略会議のメンバーが分担するが，各部会に求められる専門性や行動力などを持つ人を会議メンバー以外から入れることができるようにした．団体間のバランスなど，さまざまな理由で観光戦略会議メンバーに入れることができなかったものの，観光戦略づくりにぜひかかわってもらいたいと思っていた人のアイデアを，こうした形で取り入れることができた．各作業部会の役割は表9.1のとおりである．

　この中で，オンリーワン検討部会，観光コンテンツ創出部会，コミュニケーション部会の三つは，気仙沼市観光戦略会議に特徴的な部会である．気仙沼にしかない「オンリーワン」の観光資源を見出し，それで観光客をひきつけ，来てくださった観光客に気仙沼の魅力を生かした観光コンテンツで楽しんでいただこうという，基本的なマーケティング方針を反映している．観光コンテンツ創出部会は，観光戦略が策定された後も観光コンテンツづくりの核となって活動することが期待された．また，気仙沼の観光の魅力をSNSなど多様なメディアや口コミを通じて発信し，効果的なプロモーションを行うために，インターネットでのコミュニケーションに詳しい人たちを

表9.1　各作業部会

部会	役　割
基本方針検討部会	被災を契機として観光の可能性を再発見し，魅力的な観光地としての気仙沼を創造する観光再生基本方針案を検討し，観光戦略会議に答申する．
オンリーワン検討部会	気仙沼の観光の中心的な魅力となりうる「オンリーワン」の観光資源を特定し，その内容，開発・整備の方向性，スケジュール案等を検討し，戦略会議に提言する．
観光コンテンツ創出部会	観光コンテンツとなりうる観光資源を選定し，その魅力度，コンテンツ化の困難度，開発のために必要な時間，地元の協力体制等をもとにプライオリティ（優先順位）をつけ，着手可能なものから順にコンテンツ化に着手する．
コミュニケーション部会	観光再生基本方針を踏まえ，観光市場とのコミュニケーションに関する中期計画案を検討し，観光戦略会議に提言する．
観光施設整備検討部会	観光再生基本方針を踏まえ，観光施設の整備方針案を検討し，観光戦略会議に答申する．

中心にコミュニケーション部会を立ち上げた．

9.4. 個性的な委員たち

　観光戦略会議のメンバーには，商工会議所や青年会議所などの市内の経済団体の代表，気仙沼市内の各地域の代表，旅館や民宿経営者などの観光関連事業者だけでなく，JR東日本，旅行会社，飲料会社，宮城県観光連盟など，気仙沼市外の観光に関連した企業や団体からも加わった．

　委員長は私（髙松）が引き受けたが，副委員長は市内の酒造メーカー「男山本店」社長で気仙沼商工会議所副会頭（当時）の菅原昭彦氏にお願いし，会議と次の会議までの間，私が気仙沼にいられないときに市役所と各関連団体との調整の労をとっていただいた．その他にも，タクシー会社社長の宮井和夫氏，菓子店の5代目経営者の小山裕隆氏，水産加工会社専務の斉藤和枝氏など，いわゆる観光産業以外の元気な人たちが委員となっていたのが特徴である．また，秋田県湯沢の地域活性コンサルタント佐々木葉子氏やJTB東北の佐藤文彦氏のように，「よそ者」の視点で客観的に気仙沼の観光について意見を言える人が加わってくれたことも，観光戦略の検討に大いに役立った．

　行政の委員会でよくありがちな，学識経験者と地域の有力者の50代以上の男性がほとんどという会議体にくらべて，個性的な若手経営者や女性が積極的に意見を言えるこの観光戦略会議は，前向きで創造的な議論ができ，参加していても楽しいものとなった．事務局案がシャンシャンシャンと承認される会議ではなかったので，事務局の皆さんには多くのご苦労をおかけしたが，結果的によい計画が策定できた．

　事務局の中心となって，計画づくりにもっとも精力的に動いてくださった観光課の畠山幹司課長補佐が，承認された戦略計画を実行に移す段階で急逝し，気仙沼観光の完全復興を自分の目で見ていただけなかったのは，実に無念なことであった．ここに改めて畠山幹司氏のお働きに感謝を申し上げたい．

9.5. 一緒に市内の現状を見よう

　2012年3月3日に開かれた第1回観光戦略会議では，委員全員に観光復興について思うところを自由に発言していただいた．そのときに強く感じたのは，市内の各地区代表の委員の方々が，主に自分の地区の被害状況の説明や被災した観光施設の復旧の訴えに終始し，気仙沼全体の観光をどうするかという視点での発言がほとんどなかっ

図9.2　第1回観光戦略会議の様子

たことである. もちろん, 地区代表として会議に参加している以上, 自分の地区の状況について発言するのは十分理解ができたが, このまま議論を進めると, それぞれ自分の地区が一番大切だと主張し, 市全体の観光復興のなかでの優先順位付けなども決着できなくなる危惧を感じた.

会議の今後の日程の中に「現地視察」という項目があることに気がついた. 会議後の事務局打ち合わせの際に, どうせ視察をするのであれば, ただ見るだけでなく, その後の観光魅力の再発見や観光コンテンツづくりにつながる視察にしたいと申し入れた. 具体的には, 次回の会議から, 午前中, 市内各地区の視察を行い, 午後に全体会議を行うこと. 視察の際に各委員がワークシートに自分の感じたこと, 考えたことを書き込み, それを視察後に取りまとめて共有することなどを提案した.

第2回観光戦略会議の日の午前中, 委員は市役所のバスで市内の視察に出発した. 委員にはその日の視察地5か所分の5枚のワークシートが渡され, それぞれの視察地で, 以下の4項目についてメモを取っていただくこととした.

- ❯ 観光資源としての魅力:この点がすばらしい. こんな可能性がある.
- ❯ 観光のターゲット層:ここに来て楽しんでいただけるのは, どんな人たち?
- ❯ 課題:その人たち (ターゲット層) に, この観光地をもっと魅力的に感じていただくには, 何がどうなればいい?
- ❯ その他, 気が付いたこと

このやり方での視察は, 期待していた以上の成果が挙がった. 市内を巡って行くと, 「考えてみたら, もう30年近くもこの場所に来たことなかったな」とか「こんなにひどいことになっていたとは, 知らなかった」など, 自分の住む地区以外の状況を実際に見て, 被害の実態と復興の可能性を全員で共有することができたのである. また, ワークシートは, 参加した全員がきちんと記入して提出してくださった. 限られた時間内での視察だったが, ひとつひとつの視察地について, 4項目について自分の考えやアイデアが丁寧に記入してあった. 全員分を一表にまとめると, なんともすばらしい観光コンテンツづくりのためのアイデア集ができあがった.

そして何よりも嬉しかったのは, 地区代表の委員の方々が, 視察を機に他の地区のことをよりよく理解し, その地区の観光復興のために自分も協力しようという空気が生まれたことであった. 視察後に開かれた第2回観光戦略会議では, 第1回と比べて委員の発言が明らかに変わったことを実感した. もうだいじょうぶだ.

9.6. 津波復興の先進地奥尻島の視察

津波による大規模な被害からの復興について考えるに当たり, かつて同じような経験をした地域の事例を参考にできないか, という声が会議メンバーや事務局から上がってきた. 津波被害からの観光復興では, 2004年のインド洋津波から復興したタイのプーケットがたいへん参考になるが, さすがにタイに視察に行くのはお金と時間

がかかりすぎる．そこで，1993年に地震と津波，それに伴う大火災と，気仙沼と同様の災害を体験し復興した北海道の奥尻島を視察することにした．

2012年7月5日，観光戦略会議のメンバー8名が函館に集合した．翌朝，魚市場を核とした観光の参考にするため，函館の朝市の様子を視察した後，奥尻に移動した．奥尻空港では，奥尻

図9.3　高さ11mの防潮堤の視察（奥尻島）

町役場の総務部長や観光担当の満島章係長（当時）の出迎えを受けた．奥尻では，2日間かけて津波と火災で全壊した青苗地区に整備された人工地盤，北海道南西沖地震慰霊碑「時空翔」，奥尻島津波館，災害後作られた防潮堤（図9.3）などを視察した．また，奥尻町役場や観光協会メンバーと意見交換会を開催し，災害後の復興プロセスや苦労話，その後の観光振興の取り組みなどの説明を聞くとともに，気仙沼からの参加者も防潮堤の高さから観光の課題まで多岐にわたる質問を投げかけ，活発な議論が行われた．

奥尻島の視察を通じて学んだことは多かった．その主なものは以下のとおりである．

- 市民の生活と産業の優先的な復興
- 復興プロセスにおける行政の強いリーダーシップ
- 次の災害への徹底した備え：青苗地区の人工地盤，6mの嵩上げ，高台への避難通路の整備，「高床式」の小学校校舎
- 防災を教育的観光コンテンツにすること
- 津波のモニュメント：「見えるものがないと，次の次の世代に津波の教訓を伝えることができない」
- 豊かな観光資源を再発見し，磨き上げる活動
- 戦略性のある観光プロモーション施策：貸切バスの復路フェリー航送料無料化による団体誘致促進など

9.7. 水産業を核とした観光復興

気仙沼は，古くから沿岸近海・遠洋漁業を生業の中心としており，震災を経験してもなお，「海と生きる」ことを復興のテーマとして選んだ．「海と生きる」を実践する地域として，気仙沼は，観光を通じて，港町の歴史や漁労，魚食等の文化を体験でき，地域の人々と交流ができる三陸最大，東北有数のまちを目指す．この考え方は，観光戦略会議全体を通して，常に議論の根幹にあった（図9.4）．

その考えにもとづき，策定した観光戦略の大きな柱のひとつを「水産業と観光産業

図 9.4 気仙沼市震災復興計画「海と生きる」の表紙（気仙沼市）

の連携・融合による新たな付加価値創造」と定めた．これまでも観光産業は水産業と並ぶ基幹産業の両輪として期待されてはいたものの，必ずしもその連携は明確でなく，実質的な連携が図られてこなかったというのが実態であった．むしろ魚市場では，仕事の邪魔になる観光客をできるだけ遠ざけようとする市場関係者もいた．

そこで改めて観光産業を，水産業と並ぶ気仙沼の基幹産業のひとつと位置づけ，各地区の観光協会や民間の宿泊事業者，土産物店，交通事業者等と，市民，水産業を営む事業者等との積極的な連携を促すことにした．そうすることで，気仙沼ならではの魅力的な観光体験を提供可能なコンテンツとして整備し，これまでにない新たな価値を創造し，魅力的なまちづくりを進めていくという方向転換を宣言したのである．

現在，魚市場を会場にしたロックフェスティバルやマジックショーなどのイベントや，港周辺の飲食店などが観光の魅力となってきているが，「水産業と観光産業の連携・融合」でできることはまだまだたくさんある．策定された観光戦略の中で，重点事項として位置づけられた，「魚市場に水揚げされた魚介類や加工品を，来訪者が自らその場で購入・調理して食べることができるオープンスペースのレストラン」や「魚市場で水揚げされた旬の魚介類を観光客の目の前で調理し，食べさせる体験型のキッチンスタジアム」，「被災した水産加工場の再建までのストーリーを，水産加工業者が自ら『語り部』となり伝えるとともに，復興に向けた商品づくりの過程を見学，体験させるプログラム」などが早期に実現することを願っている．

9.8. 「観光に関する戦略的方策」の取りまとめ

1年間の観光戦略会議と作業部会での検討を経て，2013年3月に「観光に関する戦略的方策」が最終的にまとまり，菅原茂市長に提言された．

提言では，気仙沼の観光がめざす将来像として，①気仙沼の強みを活かした観光振興，②ビルド・バック・ベター，③人とのつながりを大事にするまち，の3項目を掲げた．また，7つの戦略のうち，「戦略1．気仙沼ならではのオンリーワンコンテンツを活用した誘客戦略」と「戦略2．水産業と観光産業の連携・融合による新たな付加価値創造戦略」を気仙沼観光の中核的な『二大戦略』と位置づけ，優先的・重点的に進めていくこととした．この3つの将来像と二大戦略は，大規模災害からの観光復興のポイントを的確に押さえたものとなっている．

一つ目の将来像「気仙沼の強みを活かした観光振興」は，「戦略１．オンリーワンコンテンツ戦略」を進めることで実現できる．大規模災害からの観光復興では，災害で失われたものを取り戻すことに躍起になるよりも，その観光地の他にない強みである「オンリーワン」の観光資源を見出し，それを地域の象徴的な観光コンテンツとして磨き上げることのほうが，観光客の回復に有効である．

　二つ目の将来像「ビルド・バック・ベター」は，被災した地域や観光施設を元の通りに戻すのではなく，被災を契機に，気仙沼市の観光の魅力・潜在的な可能性を自ら再発見し，「より魅力的なまち」として気仙沼を創りあげることを意味している．まさに「危機」を「機会」に変えるという発想である．

　三つ目の将来像「人とのつながりを大事にするまち」は，災害などで大きな被害を受け，そこから再び観光客を取り戻すためには，「人とのつながり」がカギとなっていることを表現している．震災後の気仙沼を訪れた人々は，何よりも復興に立ち向かう気仙沼の人々の姿に感動し，「あの人にもう一度会いたい」という思いで再訪する．携帯端末とSNSなどで個人と個人が直接つながる今日，地域を訪れた人が，現地の人々と触れ合って得た感動を画像や動画をつけて自分の知人や友人に伝え，それが観光地の新たなファンを創っていくのである．

　また，この戦略方策は，観光復興に関する長期・中期・短期の具体的な目標を設定し，その目標達成のための仕組みづくりも含んでいる．計画を策定して終わりではなく，その計画を確実に達成するための方策を提示している．

　その実行のプロセスで計画どおりいかないことも多々あるだろうが，目標のモニターと修正の仕組み（PDCA）を最初から計画に入れ込むことが，計画の柔軟な修正を可能にし，最終的に復興をより着実にする．

9.9. 気仙沼観光推進機構へ

　「観光に関する戦略的方策」がまとまって4年となる2017年4月，気仙沼の観光はさらに一歩先へ向けて，気仙沼観光推進機構の設立という形で歩みだした．気仙沼版DMO（Destination Management Organization）と称されるこの機構は，今後，「観光に関する戦略的方策」をより具体的に推進する中心的な組織となるだろう．まだまだ課題はあるものの，気仙沼はすでに「復興」というレベルから，新たな観光の創造のステージへと進みだしたのである．

《 まとめ 》

気仙沼市観光復興戦略づくりの取り組み

● 気仙沼市は震災からの復興計画の中で，主要産業である水産業の復興に次いで，観光復興を取り上げた．

● 観光復興の戦略計画を検討するため，観光戦略会議が設置された．

● 観光戦略会議では，若手経営者や女性が積極的に意見を言い，創造的な議論がなされた．

● 市内の視察を通じて，地区代表の委員が，他の地区のことをよりよく理解し，その地区の観光復興のために自分も協力しようという空気が生まれた．

● 戦略では，観光産業を水産業と並ぶ気仙沼の基幹産業のひとつと位置づけ，各地区の観光協会や観光関連事業者，市民，水産業者等の積極的な連携を促すことにした．

● 気仙沼の観光がめざす将来像として，
　①気仙沼の強みを活かした観光振興
　②ビルド・バック・ベター
　③人とのつながりを大事にするまち
　の3項目を掲げた．

第10章 世界レベルでの観光危機管理

　ここ数年，旅行・観光分野の防災・危機管理に世界的な注目が集まっている．その背景には，旅行・観光が最も成長が期待される産業のひとつである，という認識が世界的に広まったことと，旅行・観光分野に影響を与える自然災害やテロなどの人的災害が増えてきていることとがある．

　旅行・観光分野では，官民ともに観光危機管理を最優先課題として取り上げている．旅行・観光業界の世界的な民間組織であるWTTC（世界旅行ツーリズム協議会）は，業界の持続可能な将来にとって重要な3つの課題のひとつとして，レジリエンス（災害や危機への強靭性や危機からの回復力）を挙げている．また，観光分野を担当する国連組織であるUNWTO（世界観光機関）も，観光分野における災害・危機への対応力を高めることの重要性を各国政府に呼びかけている．2016年11月には，世界の観光関連団体のトップがロンドンに集まり，第1回の国際旅行危機管理サミットが開かれた．

　一方，世界の防災関連組織では，地域の社会や経済に大きな影響を持つ観光分野を，防災・危機管理にかかわる重要分野として位置づけ始めた．2015年3月に仙台で開かれた第3回国連防災世界会議の中で，初めて「観光分野の防災」というセッションが開催されたのもその現われである．また，南太平洋やカリブ海などの小さな島国（小規模島嶼開発途上国）の中には，GDPの3分の1以上を観光に依存する国があるが，こうした国で災害が起き，観光客が来なくなれば，国の経済が壊滅的な影響を受ける恐れがある．国連防災戦略事務局もこの問題に注目し，観光依存度の高い発展途上国における防災を，優先的に取り組むべき課題のひとつと位置づけた．

　つまり世界の旅行・観光業界が防災・危機管理への取り組みを強化し，同時に世界の防災機関が旅行・観光を重要分野として位置づけることにより，観光と防災の双方の分野が互いの重要性を認識し始めたと言える．

10.1. 第3回国連防災世界会議

　第3回国連防災世界会議が2015年3月14日から18日まで仙台で開催された．10

年に1回のこの会議には，主催者である国連からバン・ギムン事務総長（当時）やマルガレッタ・ワルストローム事務総長特別代表（当時），日本政府から安倍晋三首相と会議の議長を務めた山谷えり子防災担当大臣（当時）の他，185の国連加盟国から首脳や防災担当の大臣，担当者など6,500人以上が参加した．同時に開催されたパブリックフォーラムを合わせると，延べ15万人以上が参加し，この年の日本における最大規模の国際会議となった．

　国連防災世界会議は，世界各国政府の防災責任者・担当者が一堂に集って，今後の世界の防災の取り組みの方向性や枠組みなどを話し合う場である．仙台での会議の主な目的は，2005年の前回会議で採択された「兵庫行動枠組」の成果と反省を踏まえて，今後15年間の世界の防災の指針となる「仙台防災枠組2015-2030」を検討・決定することにあった．

　仙台での会議の個別テーマに「観光分野の防災」が初めて取り上げられた．世界の観光が急速に成長し，国によっては国全体のGDPの3分の1を観光関連産業が生み出し，また，世界の雇用の11人に1人を観光関連が支えていることから，経済や雇用にとりわけ大きな影響を与えること，それゆえに観光分野の防災が重要であることが国連において認識された結果である．

10.2. 観光セッション

　第3回国連防災世界会議「観光分野の防災」セッションでは，基調講演に引き続き，世界の観光分野で防災・危機管理を担当する専門家によるパネルディスカッションが行われた（図10.1, 10.2）．

　冒頭，UNWTO（世界観光機関）の危機管理専門官ダーク・グレーサー氏が，「観光は災害・危機のリスクの最も集中する産業である．なぜなら，観光はさまざまな要素から成り立っているこの世で最も複雑な「商品」であり，危機・災害に対してきわめて脆弱だからだ．」と問題提起した．

　それを受けて，オーストラリア緊急事態管理研究所のキャロライン・トンプソン氏が，「オーストラリアでは，国家的な総合防災・危機管理計画の中に観光が位置づけられている．オーストラリアを訪れる外国人に対する危機管理のみならず，海外旅行中のオーストラリア人に対して災害・危機の情報を提供し，万一の場合に迅速に必要

図10.1　各国際機関のロゴ．UNWTO，WTTC，UNISDR

図 10.2　国連防災世界会議「観光分野の防災」セッション（UNISDR）

な保護や支援を提供できる体制ができている.」とオーストラリアでの観光危機への対応体制について述べた.

続いて，キューバ代表が「キューバで起こりうる観光危機は，洪水，サイクロン，油による海洋汚染，山火事，地震，感染症など多様．サイクロンで観光は影響を受けるが，人的被害は出さない．人身保護を中心とした徹底した対策があることで，危機の影響を低減している.」と「防災大国」と呼ばれるキューバの取り組みを紹介した.

サモアの代表からは，「GDP の 30 ％を生み出す観光は，サモアの重要産業であり，また持続可能な経済発展の核となる．しかしながら，新しい産業分野であるため，観光面での防災はこれからの課題．気候変動により，観光分野への災害リスクは高まってきている.」と，観光依存度の高い島嶼国に特徴的な，地球温暖化が観光危機のリスクを高めるという今日的な問題が表明された.

10.3. ホテル防災

観光分野の防災・危機管理のなかで，特に注目が集まっているのはホテルの防災である．観光地の防災は，その地域全体の防災計画に組み込まれていることが多く，その対応は基本的に国や自治体，消防などの公的機関が中心となって行う．一方，ホテルの多くは民間の事業者なので，たとえそこに何百・何千人の利用客がいるとしても，あくまでもその施設運営者が防災や危機管理の第一義的な責任を負うことになる．

ところが，あらゆるホテルの経営者・運営責任者が，防災・危機管理の重要性を認識し，積極的に取り組もうとしているわけではない．あるいは，必要性を感じていても，どこから，どのように防災の取り組みを進めたらよいのかわからないでいる経営者もいるだろう．もちろん世界的なホテルチェーンであれば，世界共通のリスク管理方針にもとづいてホテルごとに個別のマニュアルが作られ，その内容や準備の状況が定期的に監査されるので，一定レベルの防災対応はできている．しかし，単独経営のホテルや旅館などでは，消防計画などその国・地域で求められる最低限の防災対応ができていればよいほうで，それさえ満たしていない施設も数多くあると見られる．

そこで，UNISDR（国連国際防災戦略事務局）では観光分野の防災に関する具体的な取り組みの第一歩として，ホテルの安全や防災にかかわるスタンダードを設け，そのスタンダードをクリアしているホテルを認証するというプログラムを試行している．現在，インドネシアやフィリピン，モルジブ，ミャンマー，タイなどで実証実験を行っている．この取り組みが広がれば，サービスレベルをあらわす星の数のように，災害時のホテルの安全性が公に認証されることになり，他のホテルとの差別化にもつながることから，ホテル経営者にとってホテルの防災レベルを高めるインセンティブになる．

国連の動きとは別に，スウェーデンに本社をおくセーフホテルズ（Safehotels）グループは，ホテルや会議施設の安全性を評価し，認証するサービスを事業として展開しており，ヨーロッパを中心として世界に事業の範囲を広げている．このプログラムに参加するホテルは，年1回，セーフホテルズのホテルの安全性に関する国際スタンダードに照らして審査され，その結果に応じて3つのレベルの安全性に対する評価認証を受ける．

日本においても，JTB協定旅館ホテル連盟が，会員旅館・ホテル向けに，さまざまな緊急事態への対応や，災害後の事業継続に関するマニュアルの整備を進めている．東日本大震災以降も毎年のように続いて発生する地震・台風・火山噴火などの大規模自然災害や，世界のあちこちで勃発するテロ事件などを目の当たりにするなかで，日本の宿泊産業も，防災・危機管理の重要性，対応の必要性を強く認識し始めたのである．

10.4. UNISDR と ARISE

国連機関UNISDRは，国連防災世界会議や地域レベルの防災会議を主催し，世界の防災の基本的な枠組みを決める組織である．災害への対応は，さまざまな形での官民の連携や協力が不可欠であることから，2011年にUNISDRの中に，「災害リスク低減に係わる民間分野パートナーシップ（DRR-PSP）」が設置された．これを機に，第3回国連防災世界会議では，政府関係者以外に民間企業や非営利・非政府団体なども会議への参加が正式に認められた．（それまでの世界会議では，民間企業や非政府団体は，オブザーバーの立場でしか参加できなかった．）

私の所属する株式会社JTB総合研究所も，旅行・観光業界唯一のメンバーとして2014年にDRR-PSPへの参加が承認され，第3回防災世界会議の準備を含めた活動に参画した．ことあるごとに観光分野での防災の重要性をうたったこともあり，UNISDRの官民連携に関する活動方針の中に「観光分野の強靱性」ということばが加えられたのは，ひとつの成果である．

2015年11月，DRR-PSPは，UNISDR公認の民間イニシアチブであるR!SEと組織統合し，「UNISDR災害に強い社会に向けた民間セクター・アライアンス

図 10.3　ARISE の主要メンバー（筆者は左から 3 人目）

（ARISE）」が設立された．ARISE は世界 102 の企業と大学や NPO などの団体（2016年 12 月現在）で構成されている．2016 年の ARISE 年次総会で，私は旅行・観光業界から初の理事に選出された．世界の防災分野の専門家たちが，観光分野の防災・危機管理の重要性を認識した結果であると喜んでいる（図 10.3）．

10.5. PATA の早期観光復興タスクフォース

　国際的な組織による観光危機管理の取り組みの中で特筆すべきは，PATA（太平洋アジア観光協会）の早期観光復興タスクフォース（PATA Rapid Recovery Task Force＝PRRT）である．PRRT の活動は，平常時に世界の観光地で危機対応訓練のプログラムを提供することと，危機・災害が発生した観光地の早期復興に向けて情報発信を支援することである．

　PRRT は世界の 8 名の観光危機管理の専門家で構成されており，ひとたび世界のどこかで観光危機が発生すると，すぐにメンバーがインターネット上でミーティングを開き，現状把握と対応策の協議を始める．協議の結果は，被災した国や地域の政府に提言される．提言内容は，文書にして伝えられることもあれば，きわめて緊急度の高いときには，電話やインターネット通信などにより口頭で伝えられることもある．

　PRRT の活動の特徴は，専門家のボランティア活動であることと，インターネット上で話し合った結果を被災地域に提言するという支援の形をとることである．また，PRRT のメンバーは，PATA の活動拠点であるアジア，太平洋，北米に加えてヨーロッパにもいるため，世界のどこで，いつ危機が発生しても，メンバーの何人かがすぐに会議を始められる態勢にある．時差のために対応が遅れることがないことも，PRRT の特徴である．

PRRT での提言の後，被災地域からの要請があれば，PATA として支援チームを現地に送ることがある．実際，2015 年に発生したネパールでの地震の際は，ネパール政府への提言のなかに支援チーム派遣の必要性を書き加え，地震発生の数週間後に PATA の復興支援チームを送り込んだ．

　2017 年 12 月現在，PATA の組織内の事情から，PRRT は一時的に活動を休止しているが，より強化されたタスクフォースとして再稼動する方向で検討が始められている．観光危機管理にとってきわめて重要かつ機動的な組織である PRRT が，一日でも早く活動を再開することを願うものである．

《 ま と め 》

世界レベルでの観光危機管理
- 旅行・観光分野の防災・危機管理に世界的な注目が集まっている．
- 旅行・観光分野では，官民ともに観光危機管理を最優先課題として取り上げている．
- 世界の防災関連組織では，地域の社会や経済に大きな影響を持つ観光分野を，防災・危機管理にかかわる重要分野として位置づけ始めた．
- 2015 年に仙台で開かれた第 3 回国連防災世界会議では，会議の個別テーマに「観光分野の防災」が初めて取り上げられた．
- 観光分野の防災・危機管理のなかで，特に注目が集まっているのはホテルの防災．

第11章
これからのこと

11.1. 観光危機管理における官民連携

　WTTCの発表によると，旅行・観光分野の経済効果は，世界のGDPの10％を超えた．世界中で年間12億人が国境を越えて旅行し，日本を訪れる外国人が年間4千万人を超える日もそう遠くないだろう．このように，日本を含めた世界の観光がこの先もさらに拡大していくことは確実である．より多くの人々が旅行し，世界の経済の観光への依存度がさらに高くなれば，危機や災害が発生したときに影響を受ける観光客の数や，地域の社会や経済への影響は，これまで以上に大きなものになる．一方で，地球温暖化の影響による異常気象が増加し，貧困や格差の拡大を背景にテロ活動が世界の各地で発生するなど，観光分野に影響を与える災害は増える傾向にある．観光の防災・危機管理の必要性が，これから先ますます高まることは明らかだ．

　観光の防災・危機管理を強化し，観光のレジリエンスを高めるためにすべきことは何か？　私は，「観光危機管理における官民連携」が実現することが，そのカギになると考える．なぜならば，観光危機管理において「官」（政府，自治体，行政機関）が果たすべき役割と，「民」（民間観光関連事業者，観光関連団体）が果たすべき役割は異なっていて，相互補完の関係にあるからだ．現場での観光客の安全確保，避難誘導，情報提供は，主にその場にいる民間事業者の役割である．一方，地域全体の被害状況・営業継続状況を把握し，地域外に観光地の被害（非被害）状況を伝えたり，帰宅困難になった観光客の早期帰宅のため，交通機関などに働きかけをするのは主に地域の観光行政の役割である．その両方の役割・機能がうまく連携できれば，観光危機管理はスムーズに実行できる．

　したがって，「民」は現場での危機対応の体制を強化し，スタッフの危機対応スキルを高めることが最優先課題である．また，経営者や管理職が危機対応時に迅速で的確な判断をし，スタッフにすばやく指示を出せるよう，危機対応時のマネジメントレベルを上げておくことも必要である．

　一方，「官」がまずすべきことは，地域で発生する可能性のある危機発生時に，観光や防災・危機管理に関係する機関や部署がどのような体制で，他の官民の機関や団

体・事業者などとどのように連携し，具体的に誰が，何をするのかを，地域防災計画や危機管理計画の中で明確にすることである．「観光客等にも配慮する」とか「観光客や外国人への防災意識の啓発に努める」などという規定では，いざというときにすぐ対応できるはずがない．

11.2. 「安全・安心」は観光立国推進の基盤

観光は「必然性のきわめて低い選択的消費行動」である．衣食住といわれる衣類や食料品，住居などは，これがないと生きていけない「生活必需品」である．ところが観光をしなくても生命の危機にさらされることはないし，ましてや特定の観光地にどうしても今年，行かなければならない理由などめったにない．ということは，何かの理由である特定の観光地に行けない，あるいは行かない事情ができても，人々はその代わりに他の観光地に行くだけで，ほとんど困ることはない．

それゆえ「安全・安心」な観光地であることは，「魅力的で，楽しい」観光地であるのと同じくらい重要なことなのである．世界の人々の憧れる観光地パリさえも，2015年秋のテロ事件後，観光客が激減した．2016年に起こった平成28年熊本地震の後，政府の180億円規模の「九州ふっこう割」などの施策にもかかわらず，九州の観光は完全回復まで時間がかかっている．2015年の箱根駒ヶ岳の火山噴火警戒レベルの引き上げの際は，実際に建物の被害や死傷者が発生しなかったにもかかわらず，箱根や周辺の湯河原などの観光地を訪れる人は大幅に減少し，観光関連事業者だけでなく，旅館や土産店と取引のある業者は大きな影響を受けた．観光地が「安全・安心」でないと思えば，観光客は単にその観光地を避け，他の観光地に行って安心して観光を楽しんでくるのである．

毎年のように世界のどこかで自然災害やテロ，感染症などが発生し，それがメディアで報じられるようになって，人々は観光地の「安全・安心」により注意を払うようになってきた．特に日本人は，世界の人々の中でももっとも「安全・安心」に敏感で，災害や事件の起きた観光地に戻ってくるのが一番遅いと言われている．観光地の「安全・安心」は，そのような状況のなかで観光を推進するための基盤であると言っても言い過ぎではないだろう．

11.3. 政治・業界リーダーへの啓蒙

観光分野の防災・危機管理を進める上で非常に重要なことは，政治や旅行・観光業界のリーダーたちに，危機管理の重要性・必要性を十分理解してもらうことである．国や地方行政のトップ，企業の経営トップの理解と支援なしに，防災・危機管理を進めることはとても難しい．なぜならば，建物や施設の耐火性や耐震性を高めたり，従業員や観光客に災害発生の緊急情報を伝えたり，危機対応のための計画やマニュアルを整備したり，いざというときに備えて食料や日用品の備蓄をしたりすることは，ど

142 | 第11章 これからのこと

れもお金や人手がかかることだからである.

災害や危機への備えをするための計画をトップに提案すれば，必ずといっていいほど「これだけの経費や人件費をかけて，地域や会社にどれだけのプラスが期待できるのか？」と「費用対効果」を問うてくるだろう．もし幸いなことに災害や事故がまったく発生しなければ，防災・危機管理にかけるコストの「費用対効果」はゼロという皮肉な計算になる．費用対効果が期待できないのであれば，そのための経費はゼロか最小限にすべきだ，というのが行政トップや企業経営者の基本的な考え方だ．そのような非生産的な議論に陥らないようにするためにも，トップへの啓蒙が必要なのだ．

ではトップに理解してもらうべきことは何か？　それは，防災や危機管理のための備えは「長期的なリスク軽減のための投資」であり，地域行政や企業の経営戦略として不可欠なものである，ということだ．もし防災や危機管理の備えが十分でないところに災害や危機が起こり，その対応が後手に回ったり，施設や建物に大きな被害が生じたりしたら，その経済的被害は防災や危機対応のために事前にかけるコストをはるかに上回ることを理解してもらうのである．ましてや，万が一，危機対応が不十分であったために利用客や従業員の人的被害が防ぎきれなかったりすれば，それは観光地や地域としてのブランドを大きく毀損することになり，そのマイナス影響は計り知れないものとなる．そのようにならないためにも，50年先，100年先の「万一」を考えて今から「投資」をするのである．

トップがこうした考えをしっかり持つと，企業は経営戦略として防災・危機管理に積極的に投資をするようになる．フィリピンで最大のショッピングモール運営会社であるSMプライム・ホールディングスは，洪水が頻発する川沿いにあえて大型ショッピングモールを建設した（図11.1）．モールは，最大級の洪水でも建物が浸水しないような構造になっており，洪水が発生したときにはモール全体が地域住民の避難所になる．しかも洪水の最中にも営業を継続し，避難した住民に生活用品や食料を提供するとともに，モールの荷捌き施設を被災地域への救援物資の配送センターとして活用するのである．SMプライム・ホールディンクスの会長ハンス・シー氏は，「このモールは，地域に貢献するとともに，当社の価値を高め利益に貢献する．なによりも，災害に対するレジリエンスは，当社が事業を行う地域に住んでいるお客様の安全を保証するという点で経営戦略に適う」と言っている．

図11.1　洪水の中で営業を続けるSMシティ・マリキナ（フィリピン，SMプライム・ホールディングス）

11.4. 観光危機管理専門家の育成

　今日，日本には数多くの観光の専門家が，観光客の受入れや観光マーケティング等で活躍している．また日本は世界でも自然災害のリスクの高い国であるため，地震や砂防，防火など防災や危機管理の研究者や実務者も多い．ところが，観光危機管理の専門家となると，航空会社や船会社，鉄道会社，大手ホテルなどには防災・危機管理の部門があり，専門スタッフがいるものの，あくまでもそれぞれの事業分野のプロであり，観光危機管理全般の専門家はきわめて少ない．特に国や自治体などの行政機関では，防災・危機管理の部局と観光部局は接点が少なく，観光分野の防災・危機管理を担当する職員はほとんどいないのが実態である．

　これまでこの本の中で記してきたように，観光分野の防災・危機管理は住民対象の防災や一般企業の危機管理とは異なる要素やノウハウが求められる．たとえば災害や危機が発生したときの情報収集と情報発信や，外国人を含む観光客の帰宅支援，被災した観光客の家族や関係者へのケア，観光復興に向けたマーケティングなどは観光危機管理独特のものだろう．また，観光危機管理の専門家は，観光客の立場でモノが見える「現場感覚」を持っていることが大切である．計画やマニュアルを作るときも，このような災害状況で観光客はどのような不安を抱き，何をしてほしいと思っているかがありありと想像できること．さらに，「観光客」一般ではなく，高齢の観光客だったら，幼い子どもを連れた親だったら，初めて日本に来た外国人だったら，と具体的な観光客をイメージして，それぞれの立場の人だったらどう感じるかが想像できれば，なおすばらしい．

　日本全体の観光分野のレジリエンスを高めていくためには，観光地を擁する各自治体や観光関連各業種・事業者の危機管理計画作りや現場の人々の訓練などを支援するとともに，観光に影響のある危機が発生したときに現場に入って対策本部長の右腕になれる専門家を養成することが必要だ．とはいえ，観光にも危機管理にもまったく縁のない人を対象にゼロから観光危機管理の知識やノウハウを教え込むのは効率がよくない．観光関連企業で自社の防災・危機管理を担当している人，ホテルのフロントなどでお客様と日々対応している人，行政やコンサルティング会社，保険会社などで防災・危機管理を担当している人など，防災・危機管理の基礎ができている人に観光分野として必要なノウハウを補っていく教育をするのが近道だろう．また，行政の事務職の人だけでなく，消防や自衛隊など災害現場で活動経験のある人に観光危機管理の知識を教えれば，「現場感覚」をしっかり持った観光危機管理のリーダーとなるだろう．

《 ま と め 》

これからのこと

● 地球温暖化による異常気象の増加や，世界的なテロ活動の広がりなどのため，観光の防災・危機管理の必要性が，これから先ますます高まる.

● 「観光危機管理における官民連携」が実現することが，観光の防災・危機管理を強化し，観光のレジリエンスを高めるためのカギとなる.

● 防災や危機管理のための備えは「長期的なリスク軽減のための投資」であり，地域行政や企業の経営として不可欠なものであることを，組織のトップに理解してもらう.

● 日本全体の観光分野のレジリエンスを高めていくためには，観光危機管理の専門家を養成することが必要.

観光分野の防災・危機管理用語集

1．**ARISE**（UNISDR Private Sector Alliance for Disaster Resilient Societies）
「災害に強い社会に向けた民間セクター・アライアンス」UNISDR（国連国際防災戦略事務局）の唯一の公認の民間企業ステークホルダーグループで，UNISDRと協力して，防災・減災とレジリエンス（災害に強い社会）作りを目指す．

2．**Build Back Better**
災害の発生後の復興段階において，次の災害発生に備えて，より災害に対して強靱な地域づくりを行うという考え方．潜在的な災害リスクを低減するには，できるだけ災害リスクの低いところに住宅を造ることや，地域の構造そのものを強靱にしていく必要がある．災害からの復興段階は，災害から得た教訓を生かし，土地利用や構造的な対応など抜本的な対策を取るチャンスでもある．（平成27年防災白書）

3．**DMO**
（Destination Management Organization）
観光物件，自然，食，芸術・芸能，風習，風俗など当該地域にある観光資源に精通し，地域と協同して観光地域作りを行う法人．（JTB総合研究所「観光用語集」）
日本では，従来，地域の観光協会や観光連盟，観光コンベンションビューローなどがDMOの役割を果たしてきた．

4．**Jアラート**
弾道ミサイル情報，津波情報，緊急地震速報等，対処に時間的余裕のない事態に関する情報を，人工衛星を用いて国（内閣官房・気象庁から消防庁を経由）から送信し，市区町村の同報系の防災行政無線等を自動起動することにより，国から住民まで緊急情報を瞬時に伝達するシステム．（消防庁「Jアラートの概要」）

5．**MICE**
企業等の会議（Meeting），企業等の行う報奨・研修旅行（インセンティブ旅行）（Incentive Travel），国際機関・団体，学会等が行う国際会議（Convention），展示会・見本市，イベント（Exhibition/Event）の頭文字のことであり，多くの集客交流が見込まれるビジネスイベントなどの総称．（観光庁「MICEの開催・誘致の推進」）

6．**PATA**（Pacific Asia Travel Association: 太平洋アジア観光協会）
太平洋アジア地域への観光客誘致及び域内交流の活性化を目的に，1951年に設立された非営利の広域観光団体．政府会員，航空会社，旅行会社，ホテル，アトラクション会社，出版・広告・PR会社等が加盟

7．**UNISDR**
（The United Nations International Strategy for Disaster Risk Reduction: 国連国際防災戦略事務局）
国連事務局の組織のひとつで，国際防災戦略のための事務局として1999年12月に設立．持続可能な開発に不可欠な要素としての防災の重要性を高め，自然災害による被害・損失の減少，災害リスクの軽減を目指し，災害に強い国やコミュニティの構築を目的とする．国際防災協力の枠組み構築，調整のための触媒的役割を果たすと共に，各国の防災政策実施を支援し，多くのパートナー機関と共に防災に関する国際的な指針の実施推進を行う．（国連広報センター）

8．**UNWTO**
（The World Tourism Organization: 世界観光機関）
観光を通じた豊かな社会の実現と各国の相互理解の促進を掲げ責任ある持続可能な観光の促進を目的とした国際連合の専門機関．158の加盟国及び6地域，500以上の賛助加盟員で構成されている．

9．**WTTC**（World Travel and Tourism Council, 世界旅行ツーリズム協議会）
世界の旅行・観光関連企業のトップ約150名で構成される民間の非営利団体であり，観光に関する主要分野の民間企業を世界規模で

カバーする唯一の機関.

10. エンバーミング

世界的に広く行われている遺体の保全手法で，遺体の容姿を整えるとともに，体液を特殊な保存液に入れ替えることにより，遺体の腐敗を防ぐとともに感染症の予防などの効果がある．そのため，米国など，他国から移送される遺体にエンバーミングを義務付けている国もある.

11. 海抜表示

近くの港湾の平均海面からの高さ（海抜）の表示．津波や高潮の際の避難の参考にすることを目的に，海抜を表示した標識を海岸近くに設置する自治体が増えている.

12. 海洋汚染

海に有害物質が流れ込んだり，持ち込まれたりして，海の自浄作用では処理できなくなる状態．観光危機管理の対象となる海洋汚染は，主に海上での船舶事故等による油や有害物質の流出によって，ビーチや海岸が汚染され，観光活動に影響が出た場合をいう.

13. 観光インフラ

旅行や観光に関わる施設・設備等の総称．空港関連施設，旅客桟橋，道路，鉄道，宿泊施設，観光施設，公園，ビジターセンター等が含まれる．これに加えて，ソフト面の観光インフラとして，観光情報提供の仕組み，通訳・ガイド，観光客の決済や現金引き出し・両替サービスなども重要である．災害や危機の発生後は，観光インフラをいち早く復旧させることが，災害からの観光復興を促進する.

14. 観光関連産業

交通・運輸，宿泊，アトラクション，ガイド，土産販売，旅行業など観光業に直接携わる事業に加えて，これらの事業者に商品やサービスを提供することで観光業を間接的に支える事業者を含む産業．ホテルを例にすると，ホテルの運営会社だけでなく，ホテルのレストランに食材を供給する流通業者や農水産業者，リネンサービス，ホテル人材派遣業，清掃業，ホテル内のテナント，土産を製造する手工業者などが，観光関連産業に含まれる．観光危機が発生すると，これら観光関連産業全体が影響を受ける.

15. 観光危機

災害・事故・事件等の発生や観光を取り巻く環境の急激な変化ならびにそれらに伴う風評等により，観光客や観光関連産業に甚大な負の影響が生じ，その発生から対応までを限られた時間と不確実な状況の下で意思決定をしなければならない状況や事象.

16. 観光危機管理

観光客や観光関連産業に甚大な負の影響をもたらす観光危機を予め想定し，被害を最小化するための減災対策を行い，観光危機発生時における観光客への情報発信，避難誘導・安全確保，帰宅困難者対策等を予め計画・訓練し，危機発生時にはそれにもとづく迅速な対応を的確に行うとともに，観光危機の風評対策，観光関連産業の早期復興，事業継続支援等を組織的に行うこと.

17. 観光客

本書において「観光客」とは，観光を目的とした来訪者だけでなく，商用や会議・イベント参加などさまざまな目的で，日常の居住地・勤務地を離れてその地域を訪問している旅行者を含む．また，UNWTO では宿泊を伴う旅行者を「観光客」と定義しているが，観光危機管理では日帰り旅行者を合わせて考える.

18. 観光緊急対策基金

災害などの緊急時に，行政の長または DMO トップの判断で（議会等の承認を経ずに）観光復興に利用できる基金．宿泊税などの観光目的税や地域内の観光関連事業者等からの拠出を原資とすることが多い．緊急対策での支出がなく，一定額以上に基金が積みあがった場合は，それを地域内の観光インフラ整備等に活用する.

19. 観光復興

危機・災害により被害を受けた観光インフラが復旧し，減少した観光客数が回復すること．観光を復興し，観光関連産業の事業を回復させることは，単に観光関連産業に携わる個々の企業や団体の経営を維持するだけでなく，それらの事業の場で働く多くの従業員の雇用を守り，その人たちの家族の生計を維持することにつながる.

観光復興にあたっては，単に災害前の状態に復旧させるだけでなく，Build Back Bet-

観光分野の防災・危機管理用語集 | 147

ter の考え方に則り，将来起こりうる危機や災害に対してより強靭で回復力の強い状態にすることが大切である．

20. 観光立国推進基本法

観光立国に関する，基本理念，国および地方公共団体の責務，施策の基本事項などを定めた法律．21世紀の日本の発展には観光立国の実現が不可欠で重要であるとの位置づけのもと，1963（昭和38）年に制定された観光基本法を全面改訂し，名称を改めた．施行は2007（平成19）年1月1日．（JTB総合研究所「観光用語集」）

21. 危機管理体制

危機や災害が発生したとき，あるいは発生が予想されるとき，その事態に迅速かつ組織的に対応するための組織に設置する体制．「災害対策本部」，「緊急対策本部」などがこれにあたる．「対策本部」，「警戒本部」，「情報収集体制」など，危機や災害の種類や危機のレベルに応じた複数のレベルの危機管理体制を決めておき，状況に応じて体制を立ち上げるようにするのが一般的である．

22. 危機管理の専任担当者

国際的なホテル運営会社や航空・鉄道などの規模の大きい交通事業者などは，危機管理の専任担当者を設置している．専任担当者の対象とする危機・リスクは，本書で取り上げる「観光危機」だけでなく，サイバーテロ，情報漏えい，犯罪組織等による不法行為，従業員の不正行為などにより生じる企業リスクも含まれることがある．

一方，観光関連事業者の大半を占める中小零細事業者では，危機管理の専任担当者を置くことは要員配置面で難しく，施設管理や総務の担当者，支配人や経営者自身が危機管理を担当することが多い．

23. 危機情報提供システム

現在，災害予防段階での災害警戒情報の伝達や災害応急段階における被災状況の報告等を円滑に行うために，国および地方出先機関を結ぶ情報通信回線や国・都道府県・市町村の各レベルの防災関係機関間を結ぶ情報通信回線等によって防災情報伝達・提供システムが構成されている．危機情報提供システムは，行政の防災情報に加えて，さまざまな危機に関する情報を，観光客，観光関連事業者

にも提供することのできる情報システムである．

24. 危機評価シート

危機が発生し，観光客や観光産業への影響が予想される場合に，迅速に適切なレベルの危機管理体制を立ち上げるため，危機の状況や危機によって発生しているリスクを点数化し，どのレベルの体制を設置するかを判断するためのツール．危機評価シートを参考にすることで，判断する人に関わらず体制の設置に関する判断に一貫性ができ，判断に迷ったり躊躇したりすることで，対応が遅れるという事態を防ぐことができる．

25. 帰国のためのチャーター便

大規模な災害が発生し，国際線定期便の運航に大きな支障が出た場合，帰国困難となっている自国民の帰国のために各国政府や旅行会社等が仕立てて運航するチャーター便．災害以外にも，政情不安や紛争の発生，大規模な事故で多くの死傷者が出た場合など，現地に足止めになっている自国民をできるだけ早く本国に連れ帰り，安全を確保するために帰国のためのチャーター便が運航されることがある．

通常，チャーター便の運航手続きには一定の日数がかかるが，関係国の政府との交渉により特例的に短時間で運航許可を出すことも，観光危機管理の取り組みに含まれる．

26. 帰宅困難

一般に「帰宅困難者」とは，大地震等の災害発生時に外出している者のうち，近距離を徒歩で帰宅する人を除いた帰宅断念者（自宅が遠距離にあることなどにより帰宅できない人）と遠距離徒歩帰宅者（遠距離を徒歩で帰宅する人）をいう．観光危機管理においては，これと異なり，危機や災害により公共交通機関や主要道路，空港や港などが大きく被害を受け，長時間にわたり通常の交通が不通になることで，観光客が旅行先で足止めされた状態をいう．アクセス道路が不通になった場合や，沖縄や離島などで空港や港湾が被災し，航空機や船舶の発着ができなくなった場合などは，旅行先で帰宅困難になっている観光客の帰宅のための支援が必要になる．

27. 救援者費用等補償特約

旅行先でのけがや急病の際，親族が現地に

148 　観光分野の防災・危機管理用語集

かけつけるための渡航費用や，治療のため現地の病院から自国内の病院に移送するための費用，行方不明になった場合の捜索費用，死亡した場合の遺体処理費用と自国への移送費用などを支払う旅行保険の特約．

28. 九州・沖縄サミット

2000年7月，九州と沖縄を会場に開催された先進国首脳会議．沖縄で開かれたG8首脳会談では，21世紀に向けての一層の繁栄，人々の心の安寧，そして世界の安定を達成するために，G8として何をなすべきかというテーマの下，活発な議論が行われ，これを踏まえて，(1)G8コミュニケ，(2)グローバルな情報社会に関する沖縄憲章，(3)地域情勢に関するG8声明，そして(4)朝鮮半島情勢に関するG8声明の計4本の文書が出された．
（外務省）

29. 緊急アシスタンス会社

海外での医療機関受診予約，受診時の言語面でのサポート，医療費用の支払代行，医療搬送の手配などさまざまな支援を行う，医療支援を含めた危機管理・対応に関するサービスを提供する会社．

30. 緊急速報メール・エリアメール

気象庁が配信する「緊急地震速報」「津波警報」および「特別警報」，国・地方公共団体が配信する「災害・避難情報」などを，対象地域内の携帯電話利用者に一斉に無料で配信するサービス．KDDI・沖縄セルラー（au）とソフトバンクは「緊急速報メール」，NTTドコモは「エリアメール」と呼ぶ．

31. 緊急輸送

災害発生時に救助・救急・医療・消火活動を迅速に行うため，また，被害の拡大防止，避難者に緊急物資を供給するために，優先的に交通（緊急輸送ルート）を確保して行う対象者や物資の輸送．緊急輸送ルートに指定された道路は，一般車両の通行が禁止され，緊急輸送の許可を受けた車両のみが通行できる．

32. 減災

今日，世界の防災の取り組みの中で中心的な考え方で，危機の発生そのものを防止，抑制すること（防災）と，危機や災害そのものの発生は止めることができなくても，それによる負の影響を小さくすることが含まれる．

観光分野でできる減災の取り組みとして，観光施設の耐震性・耐浪性を高めることや，台風など発生が予測できる危機や災害の際に，観光客への情報提供を確実に行い，外出を控える，旅行を早めに切り上げる，旅行を延期する等，災害による影響を受けにくくするアドバイスをすることなどがある．

33. 国民保護計画

国民保護法および国民の保護に関する基本指針にもとづき，武力攻撃事態等において，武力攻撃から国民の生命，身体及び財産を保護し，国民生活等に及ぼす影響を最小にするために，地方公共団体及び指定行政機関が作成する計画．国民の保護のための措置を行う実施体制，住民の避難や救援などに関する事項，平素において備えておくべき物資や訓練等に関する事項などを定める．（内閣官房国民保護ポータルサイト）

34. 国連国際防災戦略事務局⇒UNISDRを参照

35. 国連防災世界会議

国連が主催し，世界各国政府の防災責任者・担当者が一堂に集って，今後の世界の防災の取り組みの方向性や枠組みなどを話し合う国際会議．10年に1回開催され，これまで3回開催された同会議は，すべて日本（1994年横浜，2005年神戸，2015年仙台）で開催されている．2015年の第3回会議では，今後15年間の世界の防災の指針となる「仙台防災枠組 2015-2030」が決議された．

36. コミュニケーション責任者

危機管理体制における情報の収集・発信の責任者．危機・災害の発生時に混乱した状況のもとで，情報収集・発信を迅速，的確かつ効果的に実施するため，あらゆる情報を集中させ，対外的な情報発信の唯一の窓口とする．危機時の「情報ハブ」の役割が期待される．

37. コミュニティFM局

放送エリアを地域（市町村）に限定し，地域の商業，行政情報や独自の地元情報に特化したFM放送局．全国に315局（2017年12月現在）設置されている．地域住民の安全・安心を守るため，防災の目的で設立する地域もある．自治体と協力し，地域内での防災情報，災害時の生活情報を伝える役割を担う．（日本コミュニティ放送協会）

参考：コミュニティ FM 局のリスト
http://www.jcba.jp/map/index.html

38. 災害時応援協定

災害時において，物資の運送・供給をはじめとするさまざまな分野で民間企業等と行政の間で締結した協定．自治体では，民間企業等との間で，物資，災害復旧，救急救護，放送要請，輸送等に係る協定締結が広く行われている．また，広域的な災害対策を効率的に展開することを目的とし，市町村間，都道府県間などのさまざまなレベルで自治体間の相互応援協定が締結されている．

39. 災害対策基本法

国土並びに国民の生命，身体及び財産を災害から保護し，もって社会の秩序の維持と公共の福祉の確保に資するため，災害対策全体を体系化し，総合的かつ計画的な防災行政の整備及び推進を図ることを目的として制定された法律．1959 年の伊勢湾台風を契機に1961 年に制定され，阪神・淡路大震災後，その教訓を踏まえ，2 度にわたり災害対策の強化を図るための改正が行われている．（内閣府「災害対策基本法の概要」）

40. 事業継続計画

（Business Continuity Plan: BCP）

災害や事故発生時に企業や組織の重要業務が中断しないこと，また万一事業活動が中断した場合に目標復旧時間内に重要な機能を再開させ，業務中断に伴う顧客取引の競合他社への流出，マーケットシェアの低下，企業評価の低下などから企業を守るための経営戦略．バックアップシステムの整備，バックアップオフィスの確保，安否確認の迅速化，要員の確保，生産設備の代替などの対策を実施する（BCP）．単なる計画書の意味ではなく，マネジメント全般を含むニュアンスで用いられる．（内閣府）

41. 事実のみ

危機・災害時における情報発信では，事実として確認できたことだけを発表し，「透明性」のある情報提供を心がける．確認できないこと，わからないことは，「まだわかりません」，「確認中です」と正直に伝え，「たぶん○○だろうと思います」とか「○○のようです」という表現は避け，第三者から入手した情報は，その発信者を明記して「○月○日

の○○の発表によると，…」と情報源を明らかにして伝える．

42. 事前意思決定

危機・災害時に起こりうることや状況で，どのような判断が求められるかを想定し，その時，どう対応するのが一番良いかを，危機が発生していない平常時に検討し，計画やマニュアルに落とし込んでおくこと．混乱し，情報が錯綜する危機・災害時に，素早く的確な判断をするのに役立つ．時々刻々と変わる状況，次々に入る新たな情報，経験したことのない事態でも，判断に迷ったり，判断や指示を誤ったりすることを防げる．

43. 消防計画

防火対象物やテナントにおいて，火災が発生しないように，また，万一火災が発生した場合に被害を最小限にするため，それぞれの建物の実態にあわせて作った計画．

宿泊施設や観光施設は，消防計画を作成し，管轄の消防署に届け出るとともに，消防計画にもとづき年 2 回の消防訓練を行う必要がある．

44. 情報発信テンプレート

災害時の混乱の中でさまざまな情報が飛び交い，組織の内外から情報を求める声が錯綜する状況下で，情報を確実に収集し，必要十分な情報を迅速に提供できるようにするための情報発信原稿の枠組み．どのような危機の際，どのような情報の収集・発信が必要であるかを予め検討し，収集すべき情報の部分をブランクにしておく．ブランクになっている情報の収集に集中すればよいので，効率的に情報収集ができる．テンプレートに収集した情報を埋め込めば，そのまま情報発信用の資料となる．

45. 新型インフルエンザ

季節性インフルエンザと抗原性が大きく異なるインフルエンザであって，一般に国民が免疫を獲得していないことから，全国的かつ急速なまん延により国民の生命および健康に重大な影響を与えるおそれがあると認められるもの．（厚生労働省）

46. 信用保証協会

信用保証協会法にもとづき設立された公的機関で，中小企業・小規模事業者が金融機関から事業資金を調達する際に，保証人となっ

観光分野の防災・危機管理用語集

て融資を受けやすくなるようサポートする.
災害時には,災害保証や緊急保証,セーフ
ティーネット保証などの特別な保証を提供
し,災害により資金繰りが悪化している中小
企業を金融面で支援する.

47. 図上シミュレーション訓練

災害時に予想される事案・状況等を記述し
たシナリオ(文章)を,進行管理者(コント
ローラー)から訓練参加者(プレイヤー)に与
え,それに対し(あるいは,それを前提に)訓
練参加者が行うべき意思決定・役割行動を回
答することにより訓練を進行させる訓練.
(消防防災博物館)

48. スマトラ沖地震

2004年12月26日,インドネシア,スマ
トラ島沖のインド洋で発生したマグニチュー
ド9.1の地震.この地震により高さ10m以
上の津波が数回,インド洋沿岸に押し寄せ,
アジアからアフリカのインド洋沿岸各国で
は,住民や観光客など22万人以上が死亡し
た.クリスマス休暇中であったため,アジア
のリゾートに滞在していた欧米からの観光客
に多くの犠牲者が出た.

49. 仙台防災枠組 2015–2030

2005年の第2回国連世界防災会議で採択
された「兵庫行動枠組」の成果と反省を踏ま
え,2015年の第3回国連世界防災会議で採
択された,今後15年間の世界の防災の指針
となる文書.災害による死亡者の減少など,
地球規模の目標を初めて設定,防災の主流
化,事前の防災投資,Build Back Better な
どの新しい考え方を提示するとともに,防
災・減災での女性や子ども,企業など多様な
ステークホルダーの役割を強調している.

50. 早期帰宅

災害による観光客への大きな影響が予想さ
れるとき,災害の被害や影響が出る前に旅行
予定を短縮して帰宅することを観光客に促す
こと.観光客の安全を守るとともに,災害時
に滞在している観光客が少なくなることで,
観光事業者のリスクを軽減することができ
る.

51. 耐震

建物に対する地震による被害を減らしたり
防いだりすること.現在の日本の耐震設計に
おいては,一般に建物の供用期間中に数回起

こる可能性のある中規模の地震に対しては大
きな損傷はしない,建物の供用期間中に一度
起こるか起こらないかの大地震に対しては居
住者の生命を守る(倒壊しない)ことを目標
としている.

2013年に改正された建築物の耐震改修の
促進に関する法律では,5,000 m^2 以上の不
特定多数の方が利用する建築物(旅館など)
に対して,耐震診断を行い報告することを義
務付け,その結果を公表することとしてい
る.

52. 耐浪性

建物が津波に対し構造耐力上安全な設計で
あること.津波による浸水可能性のある地域
の建物の耐浪性を高めることで,津波で流出
した家屋による被害を低減するとともに,浸
水被害を受けた建物を再利用できるようにす
ることで,建物被害を軽減できる.また,津
波避難ビルの耐浪性を高めることは,避難し
てきた人々の生命を守るために必要不可欠で
ある.

53. ダークサイト

危機・災害時には,インターネットでの情
報発信が有効だが,危機対応にあわただしい
状況下で,情報発信のためのウェブページを
新たに作ることは難しい.そのため,航空会
社など突発的事故発生のリスクがある企業
や,世界の先進的な観光協会等では,「ダー
クサイト」と呼ばれる緊急時の情報発信用サ
イトを予め制作しておき,危機発生時にトッ
プページを切り替えて,すぐに関係者に情報
発信ができる仕組みを取り入れている.

54. 地域防災計画

災害対策基本法の規定に基づき,市民の生
命,財産を災害から守るための対策を実施す
ることを目的とし,災害に係わる事務又は業
務に関し,関係機関及び他の地方公共団体の
協力を得て,総合的かつ計画的な対策を定め
た計画.都道府県あるいは市町村長を会長と
する地方防災会議で決定する.(内閣府)

55. 通信規制

災害発生直後などに,電話やメールなどの
通信が急激に増加すると,広域の通信障害
(輻輳)が発生して,緊急災害対応に必要な
通信が確保できなくなる可能性が高まる.こ
うした事態を防ぐため,通信障害が懸念され

観光分野の防災・危機管理用語集 **151**

る地域からの発信や接続を通信事業者が一時的に制限すること．通信規制がかかっている間も，災害時優先電話に割り当てられている電話は，通信規制を受けずに通常通りの発受信ができる．

56. 島嶼観光政策フォーラム（Inter-Islands Tourism Policy Forum: ITOP フォーラム）

島嶼地域の知事・省長が一堂に会し，観光を中心とした相互協力，共通課題の解決方策や協力可能な施策などについて協議し，相互協力の推進とフォーラム構成地域の発展を目的とする国際会議．海南省（中国），済州道（韓国），プーケット県（タイ），バリ島（インドネシア），南部州（スリランカ）など観光に力を入れている島嶼地域がメンバーとなり，日本では沖縄県が設立当初から参画している．（沖縄県）

57. 渡航情報

各国政府が，自国民の海外渡航の安全・危険について提供する情報．国によって Travel Advisory, Travel Warning, Travel Alert, Travel Advice など異なる名称がつけられている（日本では「海外安全情報」）．ある国・地域に渡航情報が発出されると，そのレベルに応じて渡航の注意が喚起されたり，渡航の中止・延期が勧告されたりする．災害や危機が発生した地域に対して，各国が渡航情報を発出するが，これによりその地域への観光客の減少がみられることが多い．

58. ハザードマップ

自然災害による被害の軽減や防災対策に使用する目的で，被災想定区域や避難場所・避難経路などの防災関係施設の位置などを表示した地図．防災マップ，被害予測図，被害想定図，アボイド（回避）マップ，リスクマップなどと呼ばれているものもある．日本では，自治体（都道府県・市町村）が作成し，住民や防災関係者に提供している．

59. ハワイ州観光局

1998 年に設立された米国ハワイ州政府の観光局．観光政策・方針の策定，ハワイの観光マーケティング計画の企画と実施，州内の観光業界の健全な活動を維持するための管理，ハワイの観光戦略の策定・実施，観光関連の調査・計画・民間との連携調整などを担当している．

60. 非常用通信手段

災害・危機発生時に，通常の通信手段が障害や通信規制等で利用できないときに使用する通信手段．災害時優先電話や衛星電話，各種無線，SNS など異なる通信手段を組み合わせて準備しておくとよい．

61. 避難情報（避難勧告等）

災害の発生が予想される時，災害による被害から住民の安全を確保するため，市町村長が発令する避難に関する情報．避難準備・高齢者等避難開始，避難勧告，避難指示（緊急）の 3 レベルがあり，災害リスクの程度に応じて発令する．

避難情報レベル	対象地域内の人に求められる行動
避難準備・高齢者等避難開始	避難に時間のかかる要配慮者とその支援者は立退き避難する．その他の人は立退き避難の準備を整えるとともに，以後の防災気象情報，水位情報等に注意を払い，自発的に避難を開始することが望ましい．
避難勧告	予想される災害に対応した指定緊急避難場所へ速やかに立退き避難する．
避難指示（緊急）	既に災害が発生していてもおかしくない極めて危険な状況となっており，未だ避難していない人は，予想される災害に対応した指定緊急避難場所へ緊急に避難する．

（内閣府防災担当）

62. 風評

危機や災害の発生に伴って発生・拡散される，事実とは異なる，偏ったり誇張されたりした情報．風評が発生すると，観光客はその地域への旅行を控えたり，予定されていた旅行予約をキャンセルしたりするため，危機や災害そのものによる被害よりも大きなマイナス影響（風評被害）が生じる．

63. 風評被害

風評によって引き起こされるマイナス影響．災害等の直接的な被害やリスクのない地域への観光客の減少や予約の取消など．風評被害は，宿泊施設や観光施設，飲食施設，土産店などの観光事業者のみならず，観光事業者に商品やサービスを提供しているさまざまな産業に及ぶことがある．

64. 不在の場合の代理者

災害や危機対応体制のうち本部長や各責任者など重要な役職については，予め「不在の場合の代理者」を定めておき，体制を立ち上げた際に本人が不在でも機能が停滞しないようにする．「不在の場合の代理者」も不在である場合を考慮し，第二位，第三位の代理者を定めておくとよい．

65. 噴火警戒レベル

火山活動の状況に応じて「警戒が必要な範囲」と防災機関や住民等の「とるべき防災対応」を5段階に区分して発表する指標．

噴火警戒レベルが運用されている火山では，平常時のうちに火山防災協議会で合意された避難開始時期・避難対象地域の設定に基づき，気象庁は「警戒が必要な範囲」を明示し，噴火警戒レベルを付して，地元の避難計画と一体的に噴火警報・予報を発表する．市町村等の防災機関では，あらかじめ合意された範囲に対して迅速に入山規制や避難勧告等の防災対応をとることができ，噴火災害の軽減につながることが期待される．（気象庁）

66. 変更手数料の免除

台風など悪天候が予想されるとき，運航に大きな影響を受けることが予想される便を航空会社が指定し，その便を予約している旅客が別の便に予約を変更する際の変更手数料を免除する措置．この措置は，利用運賃の種別にかかわらず適用され，通常は変更不可の運賃を利用している予約も対象となるので，災害が予想される地域への旅行を延期したり，すでにその地域に行っている旅行者に早期帰宅を促す際にも活用できる．

67. 防寒シート

防災シート，サバイバルシートなどとも呼ばれる，薄いアルミのシート．災害後の停電や暖房が不十分な避難場所等で寒さを防ぐことができる．軽量で小さく折りたためるので，大量に備蓄しても大きなスペースを取らない．

68. 防災行政無線

地域における防災，応急救助，災害復旧に関する業務に使用することを主な目的として，併せて，平常時には一般行政事務に使用できる無線局．都道府県の防災行政無線は，災害時に都道府県内の市町村等に一斉に緊急通報を伝達し，災害現場の状況をいち早く把握するなど，災害対策に大きく貢献する．市町村の防災行政無線は，屋外拡声器や戸別受信機を介して，市町村役場から住民等に対して直接・同時に防災情報や行政情報を伝える．（総務省）

69. ボランティア・ツーリズム

訪問先でボランティア活動を行うことを主な目的とした旅行．日本では阪神・淡路大震災をきっかけに被災地支援のボランティア活動が広まり，大きな災害後は日本各地から多くのボランティアが被災地に駆けつけるようになった．

ボランティアは，さまざまな面で被災地の復興を支援するとともに，経済活動が十分回復していない被災地で，宿泊や食事などの消費をしてくれることから，災害により観光客が大幅に減少した被災地の観光産業を経済的に支える役割も果たす．また，ボランティア活動で訪れた被災地に次第に愛着を持つようになるため，ボランティアは将来の有望なリピーター予備軍でもある．

70. ムーンライトマラソン

沖縄県伊平屋村で毎年10月に開催されるマラソン大会．夕方スタートし，夜にかけて走るところから「伊平屋ムーンライトマラソン」と呼ばれる．住民約1,200人の伊平屋島に，参加者と応援の家族等と合わせて島の人口より多い約1,800名が訪れる．このときには，村内の宿泊施設だけで観光客を収容しきれないため，民家や体育館，海岸のキャンプサイトなどあらゆる場所を宿泊場所として提供する．

71. モニタリング

災害後，国内外のマスコミやインターネット上で，地域や観光業界の状況についてどのような情報が発信されているかを継続的にモニター（監視）すること．モニタリングは，自治体や観光連盟，観光協会，DMOなど地域の観光関連組織が主体となって実施し，その結果を地域内の観光関連事業者等と共有するようにするとよい．

72. 有毒生物等の異常発生

毒ヘビ，毒虫，クラゲ，毒のある魚介類などが異常に発生すると，観光客の行動が制限され，それが長期にわたったり，観光客に被

観光分野の防災・危機管理用語集 153

害が出たりすると，予約の取消や観光客の減少などの観光危機につながる．

73. 旅行会社の協定旅館・ホテル連盟

大手旅行会社と契約・協定のある旅館・ホテルの団体．旅行会社とともに宿泊の販売促進活動などを行うとともに，宿泊業界としてのさまざまな課題の検討，行政との連携や働きかけ，地域活性，会員施設に対する教育・研修事業などを行う．大規模災害時には，被災した地域の会員施設の営業回復に向けた支援活動などを行う．

74. レジリエンス（resilience）

災害や危機への強靭性，危機からの回復力．災害やテロなど想定外の事態で社会システムや事業の一部の機能が停止しても，「全体としての機能を速やかに回復できるしなやかな強靭（きょうじん）さ」を表す．（ハザードラボ「防災用語集」）

観光危機管理のためのチェックリスト

〈チェックリストの使い方〉

　このチェックリストは，**観光地域用**（自治体，DMO，観光協会，旅館組合等）と**観光関連事業者用**（宿泊施設，観光施設，観光サービス等）の二つで構成されている．それぞれ「減災」，「危機への備え」，「危機への対応」，「危機からの復興」に関連するリストがある．

　「減災」と「危機への備え」のチェックリストは，自分の地域や事業がどのくらい観光危機の低減や対応への準備ができているかを確認するもので，平常時にチェックして，不十分な点が見つかれば，その点を改善することによって地域や事業のレジリエンス（強靱性・回復力）を高めることができる．

　また，「危機への対応」と「危機からの復興」のリストは，実際に危機や災害が発生した場合に，やるべきことをチェックするために活用することができる．各項目に□があるので，実施したことに☑をつけていけば，危機発生の混乱時でも大切なことを漏らさずに確認できる．

　各リストの末尾には，関連する本文の章節番号を記載した．チェック項目の内容の詳細は本文の該当箇所で確認しよう．

観光地域用（自治体，DMO，観光協会，旅館組合等）

【減災】

☐ 地域内で発生する可能性のある観光に負の影響を与える危機は把握しているか？（⇒4.1）

☐ それぞれの観光危機が発生した場合，地域内にいる観光客・旅行者と地域内の観光関連事業者に具体的にどのような影響があるか想定しているか？（⇒4.1）

☐ 地域内の観光地や交通ターミナル等に，最も多いとき何人の観光客・旅行者がいるか，把握しているか？（⇒4.1）

☐ 組織のトップ（⇒知事・市町村長，会長，理事長，組合長等）は，観光危機管理の必要性を十分理解し，取り組みを率先して推進しているか？（⇒4.2）

☐ 地域内の観光関連施設やイベント施設など観光客が多く集まる施設は，耐震基準を満たしているか？（⇒4.3）

☐ 地域内の観光関連施設やイベント施設など観光客が多く集まる施設は，建築基準法や消防法による防火基準を満たしているか？（⇒4.3）

☐ （⇒海に面した地域）地域内の海沿いには，津波の際に住民や観光客・旅行者が避難できる津波避難ビルや高台があるか？（⇒4.3）

☐ 地域内の観光地や主要道路等には，災害時に周りに誘導する人がいなくても観光客が安全に避難場所に行けるような避難誘導標識が設置されているか？（⇒4.4）

☐ 観光客に大きな影響が出る災害が予想されるとき，観光客に早期の帰宅や，地域への来訪の延期を促す仕組みはあるか？（⇒4.5）

【危機対応への備え】

☐ 地域の観光分野の防災や危機管理に関する計画・マニュアルはあるか？（⇒5.1）

☐ 地域防災計画には，観光客や旅行者への対応に関する記載があるか？（⇒5.2）

☐ 災害や危機により帰宅困難になった観光客が一時的に避難・滞留する施設はあるか？（⇒5.2）

☐ 帰宅困難になった観光客の帰宅や帰国を支援するしくみや計画があるか？（⇒5.2）

☐ 観光危機発生時，危機管理体制（対策本部など）をすぐに設置して機能できるようになっているか？（⇒5.3，5.5）

☐ 観光危機発生時，危機そのものや地域内への影響に関する正確な情報を収集するしくみはあるか？（⇒5.7）

☐ 収集した危機に関する情報を，観光客や観光関連事業者に迅速に提供するしくみがあるか？（⇒5.7）

☐ 観光危機発生時，地域内にいる観光客の安否を確認するしくみがあるか？（⇒5.7）

☐ 観光危機発生時のメディア対応や情報発信に関する地域の責任者・担当者は明確になっているか？（⇒5.8）

☐ 危機発生時の情報収集や情報発信のための「テンプレート」は用意されているか？（⇒5.9）

☐ 災害や危機発生時に通常の通信手段が使えない場合，代わりに使える非常用通信手段が準備されているか？（⇒5.11）

156 観光危機管理のためのチェックリスト

- [ ] 地域として，観光危機への対応の訓練を定期的に実施しているか？（⇒5.12, 13）
- [ ] 一時的に避難・滞留している観光客に，水・食料・日用品を提供する備えはあるか？（⇒5.15）

【危機への対応】

（危機管理体制の設置）
- [ ] 危機が発生したら，できるだけ早く危機管理体制を設置し，組織的な対応を開始（⇒6.1）
- [ ] 危機管理体制を設置したら，ただちに観光危機管理に関わる機関や関係者に周知（⇒6.1）
- [ ] 危機対応に関わる職員と，その家族の所在・安否を確認（⇒6.3）
- [ ] 観光危機管理計画やマニュアルにもとづき，役割に応じた危機対応業務を実施（⇒6.4）

（情報の収集と発信）
- [ ] 地域内の情報発信を「情報責任者」に一本化（⇒6.2）
- [ ] 危機の状況と観光への影響の可能性について情報を収集し，事態を正確に把握（⇒6.2）
- [ ] 収集した情報を整理し，地域の状況と観光への影響について正確な情報を発信（⇒6.5）

（主な情報発信・提供先）
- [ ] 危機・災害の発生した地域にいる観光客・旅行者
- [ ] 関係する行政機関
- [ ] 旅行会社，観光関連団体
- [ ] マスコミ・メディア
- [ ] 一般消費者
- [ ] メディアやインターネット上で発信されている当地区の状況に関する情報をモニタリング（⇒6.6）

（観光客の避難誘導・救護）
- [ ] 地域内の観光客に危機の発生と避難情報を確実に伝達（⇒6.7）
- [ ] 災害や危機が拡大する前に，観光客に早期の避難や帰宅を呼びかけ（⇒4.5）
- [ ] 災害や危機発生後，ただちに地域内の観光客の安否と所在を情報収集（⇒6.9）
- [ ] 地域内にいる外国人旅行者の安否情報は，その国の大使館・領事館に伝達（⇒6.9）
- [ ] 避難した観光客への水・食料・日用品の提供を支援（⇒6.10）

（帰宅・帰国支援）
- [ ] 帰宅困難になっている観光客に，帰宅・帰国のために必要な情報を提供（⇒6.11）
- [ ] 交通機関や各国大使館・領事館等と連携して，帰宅・帰国支援を実施（⇒6.12）
- [ ] 災害や危機の被害に遭った観光客とその家族・関係者をサポート（⇒6.13）
- [ ] 災害や危機によって外国人旅行者が死傷した場合，当該国大使館等の助言を受け，その人の文化や宗教に配慮した医療や遺体処理を実施（⇒6.10）

（観光関連事業者の事業継続支援）
- [ ] 地域内の観光関連事業者の被害状況および営業継続状況を集約（⇒6.2）
- [ ] 地域内の観光関連事業者の営業状況，営業再開見込み等を対外的に情報発信（⇒6.5）

観光地域用（自治体，DMO，観光協会，旅館組合等）

【危機からの復興】

（観光復興計画）

- □ 危機発生後，できるだけ早く復興計画の検討を開始（⇒7.1）
- □ 影響を受けた観光インフラの復旧見込みを把握（⇒7.1）
- □ 営業を休止している観光関連事業者の営業再開見込みを把握（⇒7.1）
- □ 主要市場において当地域の状況がどのように認識されているかを調査（⇒7.6）
- □ 観光復興プロモーションにおける優先市場と実施スケジュールを決定（⇒7.2）
- □ 復興プロモーションにおける民間や他組織との連携を検討（⇒7.3）
- □ 具体的な復興プロモーション施策を企画・実施（⇒7.6）

（観光復興マーケティング活動のための資金確保）

- □ 自治体の補正予算・特別予算の編成（⇒7.2）
- □ 国（観光庁，内閣府，経済産業省等）に観光復興施策の予算化を働きかけ（⇒7.2）
- □ DMO・観光協会等の予算組み替え（⇒7.2）
- □ 観光振興基金等からの拠出（⇒7.2）
- □ 義援金・寄付等の募集と活用（⇒7.2）

（観光関連事業者の事業継続支援）

- □ 被災した事業者への罹災証明申請手続き等の迅速化（⇒7.8）
- □ 観光関連事業者向け相談窓口の設置（⇒7.8）
- □ 財務支援（災害復旧貸付，セーフティネット貸付，グループ補助金等）（⇒7.8）
- □ 雇用継続支援（雇用調整助成金等）（⇒7.8）
- □ 国の関連省庁や都道府県に，観光の復興および観光関連事業者の事業継続支援の施策早期実施を働きかけ（⇒7.8）

（観光復興状況の情報発信と風評対策）

- □ 風評の継続的なモニタリングと風評リスクのある情報への対応（⇒7.7）
- □ 観光地の復興状況に関する定期的な情報発信（⇒7.4）
- □ 災害後に来訪した観光客に，SNS などへの投稿を呼びかけ（⇒7.4）
- □ メディア露出効果が期待できる復興を象徴するイベント等の実施（⇒7.6）
- □ メディアへの取材働きかけ（⇒7.4）

（国内外の観光関連組織・団体，旅行会社への復興支援要請）

- □ 現地視察の働きかけ（⇒7.3）
- □ 現地での持ち出し会議開催等の依頼（⇒7.3）
- □ 復興キャンペーンの協力依頼（⇒7.3）

観光関連事業者用（宿泊施設，観光施設，観光サービス等）

【減災】

- [ ] 地域内および当社の施設内で発生する可能性のある危機を把握しているか？（⇒4.1）

- [ ] それぞれの観光危機が発生した場合，当社の施設・敷地内にいる観光客・旅行者，または当社が観光サービスを提供している観光客に具体的にどのような影響があるか想定しているか？（⇒4.1）

- [ ] 当社の施設・敷地内に，最も多いとき何人のお客様がいるか把握しているか？（⇒4.1）

- [ ] 災害発生の際に，周辺住民や施設外にいる観光客等が当社の施設に避難してくる可能性はあるか？（⇒4.1）

- [ ] 当社の経営トップは，防災・危機管理の必要性を十分理解し，取り組みを率先して推進しているか？（⇒4.2）

- [ ] 当社の施設は，耐震基準を満たしているか？（⇒4.3）

- [ ] 施設内の什器・備品は，大きな地震の揺れでも落ちたり倒れたりしないよう固定されているか？（⇒4.3）

- [ ] 当社の施設は，建築基準法や消防法による防火基準を満たしているか？（⇒4.3）

- [ ] 当社の施設内または近隣に，津波の際にお客様が避難できる津波避難ビルや高台があるか？（⇒4.3）

- [ ] 施設内の避難ルートや非常口に，避難のじゃまになるものが置かれていないか？（⇒4.3）

- [ ] 停電時の非常用自家発電装置があるか？津波や洪水のリスクがある場所に立地する施設では，建物が浸水しても自家発電装置に影響がないようになっているか？（⇒4.3）

- [ ] 当社の施設内には，災害発生時にお客様が安全な場所に避難できるような誘導表示や，避難誘導の設備があるか？（⇒4.4）

- [ ] 誘導表示や非常口の表示は，どこからでも見やすい位置にあるか？（⇒4.4）

- [ ] 利用者や当社の施設に大きな影響が出る災害が予想されるとき，お客様に早期の帰宅や，来訪の延期を促すことになっているか？（⇒4.5）

【危機対応への備え】

（各災害・危機に共通な事項）

- [ ] 当社には防災・危機対応計画・マニュアルがあるか？（⇒5.1）

- [ ] 当社には事業継続計画（BCP）があるか？（⇒5.1）

- [ ] 危機に応じたお客様の避難場所と避難ルートは従業員に周知されているか？（⇒5.2）

- [ ] 災害や危機により帰宅困難になったお客様への対応は計画されているか？（⇒5.2）

- [ ] 帰宅困難になった観光客の帰宅や帰国を支援する計画があるか？（⇒5.2）

- [ ] 危機発生時，対策本部などをすぐに設置して機能できるようになっているか？（⇒5.3）

- [ ] 営業時間外に災害や危機が発生した場合，社員が職場に参集する規定はあるか？（⇒5.3）

- [ ] 危機管理計画や事業継続計画で，重要事項の事前意思決定はなされているか？（⇒5.6）

観光関連事業者用（宿泊施設，観光施設，観光サービス等）

- [ ] 観光危機発生時，危機そのものや地域内への影響に関する正確な情報を収集するしくみはあるか？（⇒5.7）
- [ ] 非常時の情報を収集する関係機関の最新の緊急時用連絡リストはあるか？（⇒5.7）
- [ ] 危機に関する情報を，お客様に迅速に提供するしくみがあるか？（⇒5.7）
- [ ] 外国人のお客様に危機に関する情報や避難誘導などを伝えることができるか？（⇒5.7）
- [ ] 非常時の持ち出し品はすぐに持ち出せる場所に準備されているか？（⇒5.7）
- [ ] 災害・危機発生時，当社の利用客の安否を確認するしくみがあるか？（⇒5.7）
- [ ] （宿泊施設）宿泊者リストは印刷して非常持ち出し品の中に入れてあるか？（⇒5.7）
- [ ] 災害・危機発生時のメディア対応や情報発信の責任者は決まっているか？（⇒5.8）

- [ ] 災害・危機発生時の情報収集のための「テンプレート」は用意されているか？（⇒5.9）
- [ ] 非常時の情報発信のための「ダークサイト」はあるか？（⇒5.9）
- [ ] 危機管理計画策定に，社内のさまざまな部署が参画したか？（⇒5.10）
- [ ] 従業員は，計画やマニュアルを見なくても，的確に危機対応ができるか？（⇒5.10）
- [ ] 災害や危機発生時に通常の通信手段が使えない場合，代わりに使える非常用通信手段が準備されているか？（⇒5.11）
- [ ] 災害や危機への対応の訓練を定期的に実施しているか？（⇒5.12）
- [ ] 施設内にお客様が避難・滞留する場合，水・食料・日用品の備蓄はあるか？（⇒5.15）

＊災害・危機ごとの「備え」は，災害別の「危機への対応」に記載した．

【危機への対応（災害別）】

ここでは，それぞれに特有の「危機への備え」と「危機への対応」を災害別に記載している．（本文の6章7節をより具体的に記載した）

《1．地震》
（地震への備え）

- [ ] 社員の携帯電話は，緊急地震速報を受信できるようにしておく．
- [ ] 施設内の売店や小売店等では，落下すると危険な商品，重い商品を商品棚の上段に置かない．

（緊急地震速報が発表されたら）

- [ ] 揺れが来る前に，お客様に安全確保を呼びかけ，館内アナウンス．
  「地震が来ます．強い揺れに備えてください．窓ガラスから離れてください．上から落ちてくる物，横から倒れてくる物に注意して，姿勢を低くして頭を守ってください．」

（強い揺れを感じたら）

- [ ] 周囲のお客様に安全確保を呼びかけ，館内アナウンスを繰り返す．
  「大きな地震が発生しています．窓ガラスから離れ，上から落ちてくる物，横から倒れてくる物に注意し，姿勢を低くし

て頭を守ってください. 落ち着いて揺れ
の収まるのを待ってください.」

☐ 調理場や宴会場ではコンロ・卓上コンロ
の火を消す.

(大きな揺れが収まったら)

☐ 周囲のお客様と従業員の安全を確認.
**「お客様で, けがをしたり, 動けなくなっ
ている方はいらっしゃいませんか?」**

☐ けが人がいる場合は, 応急手当. けがの
程度により119番で救急車を要請.

☐ 周囲に医療関係者がいるときには, 応急
手当の援助を依頼.

☐ 下敷きになったり閉じ込められた人がい
る場合, 自分たちの安全を確保しながら
救出. 救出できない場合は, 119番通報
により救出を要請.

☐ 施設内の安全確認(以下は確認項目)

    ✓ 壁, 柱, 天井等の崩落, ガラスの破
損, タイルの剥離

    ✓ 備品・照明の落下, 家具の転倒

    ✓ 火災の発生

    ✓ 停電, 断水, 漏水, ガス漏れ

    ✓ エレベーター内の閉じ込め

    ✓ 設備類の異常作動

    ✓ 食器類, ビン等の落下

(火災が発生したら)

☐ 火災が発生している場合, 初期消火. 消
火できそうにないときは, 119番通報.

☐ 火災の発生を, 館内アナウンスで全館に
知らせる.
**「火災発生, 火災発生. ○○階で火災が
発生しました. ただちに係の誘導にした
がって避難してください.」**

(避難誘導)

☐ 施設内での待機が危険な場合は, お客様
を施設内外の安全が確認された場所に誘
導.

☐ (宿泊施設)お客様の避難後, 全客室を
確認. 確認し終わった客室ドアに「避難
済」のシールを貼る.

☐ 大浴場・脱衣所, トイレ等にだれも残っ
ていないことを確認

《2. 台風・暴風》

(台風・暴風への備え)

☐ 屋外やバルコニー等にある飛びやすい備
品等を撤去・固定または屋内に移動

☐ 屋外の自動車, バイク, 自転車等を安全
な位置に移動

☐ 植栽類の暴風対策

☐ フラッシュライトや非常灯, 自家発電装
置など停電への備えを確認

☐ 大きなガラス窓のある場所への立入禁
止, (必要に応じて)露天風呂の閉鎖

☐ (宿泊施設)客室のカーテン, 障子を閉
め, 布団を窓から離れたところに敷く.

(施設への被害や, 交通機関や道路の障害に
よる帰宅困難が予想される場合)

☐ お客様に旅行延期・早期帰宅を提案

(停電への対応)

☐ 宿泊者リストの印刷

☐ 精算情報の印刷

☐ 停電に備えた事前調理

☐ エレベーターの閉じ込め有無の確認

☐ 大浴場, エレベーター, エスカレーター
などの利用制限

☐ 防寒具(毛布等)の配布(冬・空調停止時)

☐ 電気を利用しない暖房器具の運び込み

観光危機管理のためのチェックリスト | 161

観光関連事業者用（宿泊施設，観光施設，観光サービス等）

（台風通過後）
- ☐ 停電が復旧したら，停止した設備・機器類の再起動・安全確認
- ☐ 宴会場等に避難していたお客様を，客室に案内

《3．土砂災害》
（土砂災害への備え）
- ☐ 施設が土砂災害警戒区域に入っているか確認
- ☐ 施設にアクセスする道路の土砂災害情報や通行規制を定期的に確認
- ☐ 施設の周囲に土砂災害の予兆が出ていないか確認

土砂災害の予兆

> 【地すべり】
> ✓ 地面にひび割れができる．
> ✓ 井戸や沢の水が濁る．
> ✓ がけや斜面から水が噴き出す．
> 【土石流】
> ✓ 山鳴りがする．
> ✓ 雨が降り続くのに川の水位が下がる．
> ✓ 川が濁ったり，流木が流れる．
> 【がけ崩れ】
> ✓ がけからの水が濁る．
> ✓ がけに亀裂が入る．
> ✓ 小石が落ちてくる．
> ✓ がけから音がする．

（土砂災害の予兆が現れ，災害リスクが高まったとき）
- ☐ 地元自治体の避難勧告・避難指示が出ていないか確認
- ☐ 避難勧告・避難指示が出た場合，すぐにお客様と従業員の避難を開始

- ☐ 予兆が確認された場合，自治体の防災担当課に連絡し，お客様の避難を開始
- ☐ 夜間や雨が激しく道路が冠水して避難所への移動が危険な場合は，施設内の山やがけから最も離れた建物の上階に避難．
- ☐ 避難済みの客室の確認，ドアに「避難済」のシールを貼る
- ☐ 下層階の大浴場・脱衣所，トイレ等に誰も残っていないことを確認
- ☐ お客様が全員避難したことを宿泊者リスト等で確認
- ☐ 建物内の上階に避難したときは，その旨と避難人数を消防に報告

（天候回復後）
- ☐ 避難勧告・避難指示が解除されるまで，従業員もお客様も施設には戻らない．
- ☐ 交通機関の運行再開，通行可能な道路に関する情報収集
- ☐ お客様に帰宅に関する情報を提供

《4．水害》
（水害への備え）
- ☐ 吸水土嚢の準備
- ☐ 川の増水・放流等に関する情報の入手先確認
- ☐ 水位がどのレベルになったら，どこに避難するかを事前決定

（大雨で水害の可能性が高まったとき）
- ☐ 川の増水・放流等に関する情報を確認
- ☐ 地元市町村から避難勧告・避難指示が出ていないか確認
- ☐ 出入口・調理場入口等に土嚢を積む
- ☐ 避難勧告または避難指示が出たら，すぐにお客様と従業員の避難を開始

- [ ] 川の水位が事前決定したレベルを超えたら，避難勧告等がなくても避難を開始
- [ ] 夜間や雨が激しく道路が冠水して避難所への移動が危険な場合は，施設内建物の上階に避難（下の階から始めて，順に上の階のお客様を誘導）
- [ ] 避難済みの客室の確認，ドアに「避難済」のシールを貼る
- [ ] 下層階の大浴場・脱衣所，トイレ等に誰も残っていないことを確認
- [ ] お客様が全員避難したことを宿泊者リスト等で確認
- [ ] 建物内の上階に避難したときは，その旨と避難人数を消防に報告

（天候が回復し，水位が低下したら）
- [ ] 避難勧告・避難指示が解除されるまで，従業員もお客様も施設には戻らない．
- [ ] 交通機関の運行再開，通行可能な道路に関する情報収集
- [ ] お客様に帰宅に関する情報を提供
- [ ] 調理場が浸水した場合，調理場等の消毒
- [ ] 停止した設備・機器類の確認・再起動

《5．火山災害》
（火山災害への備え）
- [ ] 噴火時の一次避難（噴石などを避けて身の安全を図るための避難）場所を決める
  - ✓ 鉄筋コンクリート造の建物内の火山と反対側の部屋
  - ✓ 地上階より地下階，2階より1階の部屋のほうが安全

（噴火警戒レベルの引上げ等に伴う立入規制等により，避難が必要となったとき）
- [ ] 地元市町村と連絡を取り，お客様と従業員の避難について指示を受ける．

- [ ] 当地域に避難勧告・避難指示が発令され，立入規制範囲外へ避難が必要なことをお客様に伝達
- [ ] 利用者リスト等で，避難するお客様を確認
- [ ] 避難場所に避難せず，直接帰宅するお客様を確認
- [ ] 直接帰宅するお客様に，避難ルートや域外への道路・交通機関の最新状況を案内
- [ ] 避難場所に到着したら，避難した当館のお客様・従業員全員が揃っていることを確認
- [ ] 直接帰宅したお客様に連絡を取り，無事に帰宅したことを確認

（突発的な噴火が発生したとき）
- [ ] 館内放送等でお客様に火山噴火を伝え，避難を呼びかけ

  「ただ今，○○山が噴火しました．建物の外に出ないでください．建物内のより安全な場所へ誘導しますので，係員の指示に従ってください．」
- [ ] 建物外にお客様やその他の観光客がいる場合には，ハンドマイクなどを使って噴火したことを伝え，すぐに建物内に避難するよう呼びかけ
- [ ] 客室フロアごとに一次避難場所にお客様を誘導
- [ ] 避難済みの客室の確認，ドアに「避難済」のシールを貼る
- [ ] 大浴場・脱衣所，レストラン，トイレ等に誰も残っていないことを確認

（一次避難場所（施設内）に避難後）
- [ ] お客様が全員避難したことを宿泊者リスト等で確認

観光関連事業者用（宿泊施設，観光施設，観光サービス等）

- □ 消防または地元市町村の対策本部に，一時避難場所と避難者数を報告
- □ 防護用のヘルメットやそれに代わる座布団，マスクなどを退避者に提供
- □ けが人がいる場合は，消防にけがの状況や容態を報告し，救急車を要請
- □ 救急隊が来られない場合は，救急指令の指示に従い，その場で応急処置
- □ 退避者の中に医療関係者がいる場合には，応急処置を依頼
- □ 一次避難が長引いて食料・水が不足しそうな場合は，市町村対策本部に連絡して食料・水の補充を要請

（降灰，噴石等が収まり，道路の通行が可能になったら）
- □ どのタイミングで噴火による立入規制区域外の避難場所への避難（二次避難）を実施するかを，地元市町村対策本部と協議
- □ 二次避難が決まったら，お客様や従業員を車で二次避難場所に移動
- □ 二次避難場所へ行かず，直接帰宅を希望するお客様は事前に避難者リストで確認
- □ 直接帰宅するお客様に通行可能な道路・利用可能な交通機関等の情報を提供
- □ 避難場所に到着したら，避難した当館のお客様・従業員全員が揃っていることを確認
- □ 直接帰宅したお客様に連絡を取り，無事に帰宅したことを確認

【危機への対応（各災害・危機に共通）】
（情報の収集と発信）（⇒6.5）
- □ 社外への情報発信と広報対応を「情報責任者」に一本化
- □ 複数の担当者がお客様や関係機関に説明しなければならないときは，統一した説明用メモを作り，その内容にそって話をする
- □ 危機の状況と自社の営業の影響の可能性について情報を収集

（安全な場所・避難場所に避難誘導後）
- □ 避難しているお客様のリストを作成，または宿泊者リスト等でチェック（⇒6.9）
- □ 外国人旅行者の安否情報を，その国の大使館・領事館に提供（⇒6.9）
- □ 施設内の非常食や食材在庫を利用して，水・食料を提供（⇒6.10）
- □ 情報を提供（掲示板・ホワイトボード，テレビ等を利用）（⇒6.5）
  〈提供する情報〉
  - □ 災害の規模，被害状況
  - □ お客様の主な居住地の被害状況
  - □ 帰宅のための交通機関・道路情報
  - □ 道路や鉄道等の迂回経路
  - □ 災害用伝言ダイヤル
  - □ 外国人のお客様の国の大使館・領事館の連絡先

※避難時に事業所内から持ち出すもの（一定期間事業所に戻れない可能性があるとき）
- □ 現金
- □ 預金通帳・公印
- □ 当日の宿泊者リスト
- □ 予約台帳または予約の出力帳票
- □ 損害保険証書

- ☐ 関係連絡先リスト
- ☐ 避難場所でお客様に提供する毛布，バスタオル等
- ☐ 非常用食料，水
- ☐ パソコン，業務継続に必要なID・パスワード
- ☐ 携帯電話（スマートフォン）と電源アダプタ
- ☐ 小型プリンタ

（予約のあるお客様への対応）
- ☐ お客様の緊急連絡先に電話・メールで当社の営業状況を連絡

- ☐ お客様の緊急連絡先が分からない場合は，取扱い旅行会社等に連絡
- ☐ ホームページ等に災害の状況と営業状況を掲載
- ☐ 先の予約のあるお客様には，復興状況を定期的に情報提供

（帰宅・帰国支援）（⇒ 6.2）
- ☐ 帰宅困難になっているお客様に，帰宅・帰国のために必要な情報を提供
- ☐ 地元自治体や観光協会等と連携して，帰宅・帰国支援を
- ☐ 災害や危機の被害に遭った観光客とその家族・関係者をサポート

【危機からの復興】

（被害を受けた施設・設備の修復）
- ☐ 建物や設備の被害状況の確認（社内での目視確認）
- ☐ 専門家による被害状況調査の依頼
- ☐ 復旧工事計画の作成と工事費用の見積依頼
- ☐ 営業しながらの工事か，全館休業して工事するかの検討
- ☐ 工事資金の調達
- ☐ 工事に必要な資材・機材・職人の確保

（営業継続か休業か）
- ☐ 以下のいずれかに当てはまるときは，一時休業を検討
  - ☐ 建物が倒壊し，館内への立入が危険
  - ☐ 施設や備品の被害が大きく，通常のサービスの提供が困難
  - ☐ 停電や断水が発生し，照明や空調，エレベーター，水等が使えない
  - ☐ ガスの供給が止まり，ガス器具を使った調理ができない

- ☐ 当館までの交通アクセスが寸断され，お客様が来館できない
- ☐ 食材の流通に障害が発生し，必要な食材が安定的に調達できない
- ☐ 温泉設備に被害が発生して，温泉が使えない
- ☐ 余震など引き続き災害の発生が予想され，被害拡大のおそれがある
- ☐ 従業員の自宅が被災し，必要な人数を出勤させることが難しい
- ☐ お客様がいる状態で工事すると，工事に大きな支障が出る
- ☐ 工事の騒音や振動が大きく，お客様の快適な滞在が保証できない

（運転資金の確保）（⇒ 7.8）
- ☐ 預貯金残高の把握
- ☐ 当面必要となる運転資金の算出
- ☐ 一時休業中でも支払う責任のある費用の確認
  - ☐ 取引先への買い掛け代金支払い

観光関連事業者用（宿泊施設，観光施設，観光サービス等）

- □ 公共料金・税金
- □ 従業員の給与
- □ 手形・小切手の引き落とし
- □ 金融機関への利払い，返済　等
- □ メインバンクへの相談
- □ 中小企業向け特別相談窓口への相談
- □ 保険会社への相談，保険金請求
- □ 取引先への支払い猶予・一時停止の協力要請
- □ 当座必要な運転資金の融資申し込み
- □ 小規模企業共済の災害時貸付申請
- □ 災害復旧貸付，セーフティネット貸付の申請検討

（従業員の雇用対策）（⇒7.8）
- □ 一時休業期間中の従業員雇用の判断
    - □ 通常雇用継続
    - □ 休業手当による一時帰休
    - □ 整理解雇（さまざまな手続きが必要）
- □ 従業員への説明
- □ 雇用調整助成金の申請

（復興要員・ボランティア・被災者の受入れ）（⇒7.5）
- □ 復興要員・ボランティアを受入れるかどうか判断

- □ 被災者を受入れるかどうか，自社の復興計画に照らして判断

（営業再開準備）
- □ 営業再開日の決定（できるだけインパクトの大きい日を選ぶ）
- □ 館内の徹底清掃
- □ 従業員のサービス・接遇再教育
- □ オペレーションの見直し
- □ マーケティングの見直し
- □ 営業再開に関する情報提供
    - □ 災害後に予約を取り消したお客様
    - □ お得意様・リピーターのお客様
    - □ 旅行会社
    - □ 地域の観光協会・DMO・観光連盟等

（復興プロモーション）（⇒7.6）
- □ 復興担当者の指名
- □ 当地域に関する市場の認識の確認
- □ 回復フェーズごとの重点市場・セグメントの特定
- □ プロモーションでの訴求内容の検討，特別商品の企画
- □ 復興プロモーションの情報発信，販売チャネルの検討
- □ 地域全体の観光復興計画との連動
- □ プロモーション実施のための財源確保

索　引

あ
安全・安心　4，142
安否確認　16

い
意思決定　7
遺体処理　81，83
医療アシスタント会社　81
インド洋津波　108

う
運転資金　12，94
運用訓練　54

え
エリアメール　25
エンバーミング　81，83

お
沖縄県観光危機管理モデル事業　5，105
沖縄県観光危機管理基本計画　109
沖縄県観光推進本部　113
沖縄県のリーディング産業　105
奥尻島　130
オンリーワン　128

か
海抜表示　25，109
火山噴火警戒レベル　70
家族・関係者への対応　80
観光インフラ　3
観光関連産業　9
観光危機　7
観光危機管理の4R　15
観光コンテンツ　128
観光戦略会議　126
観光復興計画　85

き
危機からの復興　15

危機管理体制　34
危機対応　9
危機への備え　15
危機への対応　15
基金　87
帰国支援　78
帰宅困難　7
帰宅支援　78
救援者費用等補償特約　81
教育・訓練　3
緊急地震速報　71
緊急輸送　80
緊急連絡用回線　52
金融支援　99

く
グループ補助金　102

け
健康危機　13
減災　8

こ
交通アクセスの復旧　85
公的支援制度　99
国民保護計画　31
コミュニケーション責任者　32，43
コミュニティーFM　113
雇用維持　12
雇用継続支援　95
雇用調整　95
雇用調整助成金　102

さ
災害時応援協定　77
災害対策基本法　12
災害復旧貸付　99
災害リスク　4

し
事業継続　6，94

自国民の保護　78
事前意思決定　40
事前協定　54
自然災害　4
小規模企業共済傷病災害時貸付　99
情報収集　17
情報発信　3
情報発信テンプレート　44
迅速で的確な対応　8
人的危機・災害　13

す
図上シミュレーション訓練　54

せ
セーフティネット貸付　99
全国旅行業協会（ANTA）　88
仙台防災枠組 2015-2030　136

そ
早期帰宅　25

た
ダークサイト　44
第3回国連防災世界会議　135
耐震基準　72
耐震診断　23
退避命令　27

ち
地域防災計画　9
中小企業基盤整備機構　99

つ
つなぎ資金　94
津波浸水想定　24
津波避難施設　25

と
渡航自粛勧告　97
渡航情報　3，69

索　引 | 167

に
二次災害　73
日本観光振興協会　88
日本政策金融公庫　100
日本旅行業協会（JATA）　88

は
ハザードマップ　20
ハワイ　108

ひ
被災地観光　127
非常用通信手段　52
避難勧告　27
避難指示　27

ふ
プーケット　108

プーケット・アクション・プラン
　2
風評　7
風評対策　93
風評被害　7, 69
不在の場合の代理者　65
復興資金　18
復興プロモーション計画　92
復興要員　91

ほ
防災行政無線　10
ボランティア　91
ボランティア・ツーリズム　92

も
モニタリング　69

欧文
ARISE　139
BCP（事業継続計画）　11
Build Back Better　84
DMO　133
HTA　109
PATA　89
Proactive　40
SARS　97
SKAL Club　89
Smartraveller　79
UNISDR　138
UNWTO　2
VASH　109
WTTC　89

著者略歴

高松 正人
たかまつまさと

1958 年　東京都に生まれる
1982 年　東京大学教育学部卒業
同　年　株式会社日本交通公社入社
2001 年　株式会社ツーリズム・マーケティング研究所
　　　　　マーケティング事業部長
2009 年　同社代表取締役社長
2012 年より
　　　　　株式会社 JTB 総合研究所　常務取締役
　　　　　観光危機管理研究室長

観光危機管理ハンドブック
観光客と観光ビジネスを災害から守る　　　定価はカバーに表示

2018 年 3 月 25 日　初版第 1 刷
2018 年 6 月 15 日　　　第 2 刷

著　者　高　松　正　人

発行者　朝　倉　誠　造

発行所　株式会社　朝　倉　書　店

東京都新宿区新小川町 6-29
郵 便 番 号　162-8707
電　話　03（3260）0141
Ｆ Ａ Ｘ　03（3260）0180
http://www.asakura.co.jp

〈検印省略〉

© 2018 〈無断転写・転載を禁ず〉　　　　　シナノ印刷・渡辺製本

ISBN 978-4-254-50029-5　C3030　　　　Printed in Japan

JCOPY ＜（社）出版者著作権管理機構 委託出版物＞

本書の無断複写は著作権法上での例外を除き禁じられています．複写される場合は，
そのつど事前に，（社）出版者著作権管理機構（電話 03-3513-6969，FAX 03-3513-
6979，e-mail: info@jcopy.or.jp）の許諾を得てください．

日本災害情報学会編

災 害 情 報 学 事 典

16064-2 C3544　　　　　　A 5 判　408頁　本体8500円

災害情報学の基礎知識を見開き形式で解説。災害の備えや事後の対応・ケアに役立つ情報も網羅。行政・メディア・企業等の防災担当者必携〔内容〕[第1部：災害時の情報]地震・津波・噴火／気象災害[第2部：メディア]マスコミ／住民用メディア／行政用メディア[第3部：行政]行政対応の基本／緊急時対応／復旧・復興／被害軽減／事前教育[第4部：災害心理]避難の心理／コミュニケーションの心理／心身のケア[第5部：大規模事故・緊急事態]事故災害等／[第6部：企業と防災]

前気象庁 新田　尚監修　気象予報士会 酒井重典・前気象庁 鈴木和史・前気象庁 饒村　曜編

気 象 災 害 の 事 典
―日本の四季と猛威・防災―

16127-4 C3544　　　　　　A 5 判　576頁　本体12000円

日本の気象災害現象について、四季ごとに追ってまとめ、防災まで言及したもの。〔春の現象〕風／雨／気温／湿度／視程[梅雨の現象]種類／梅雨災害／雨量／風／地面現象〔夏の現象〕雷／高温／低温／風／台風／大気汚染／突風／都市化〔秋雨の現象]台風災害／潮位／秋雨[秋の現象]霧／放射／乾燥／風〔冬の現象]気圧配置／大雪／なだれ／雪・着雪／流氷／風／雷〔防災・災害対応]防災情報の種類と着眼点／法律／これからの防災気象情報〔世界の気象災害〕〔日本・世界の気象災害年表〕

檜垣大助・緒續英章・井良沢道也・今村隆正・山田　孝・丸山知已編

土 砂 災 害 と 防 災 教 育
―命を守る判断・行動・備え―

26167-7 C3051　　　　　　B 5 判　160頁　本体3600円

土砂災害による被害軽減のための防災教育の必要性が高まっている。行政の取り組み、小・中学校での防災学習、地域住民によるハザードマップ作りや一般市民向けの防災講演、防災教材の開発事例等、土砂災害の専門家による様々な試みを紹介。

前東工大 大野隆造編

シリーズ〈都市地震工学〉7

地 震 と 人 間

26527-9 C3351　　　　　　B 5 判　128頁　本体3200円

都市の震災時に現れる様々な人間行動を分析し、被害を最小化するための予防対策を考察。〔内容〕震災の歴史的・地理的考察／特性と要因／情報とシステム／人間行動／リスク認知とコミュニケーション／安全対策／報道／地震時火災と避難行動

東工大 翠川三郎編

シリーズ〈都市地震工学〉8

都 市 震 災 マ ネ ジ メ ン ト

26528-6 C3351　　　　　　B 5 判　160頁　本体3800円

都市の震災による損失を最小限に防ぐために必要な方策をハード，ソフトの両面から具体的に解説〔内容〕費用便益分析にもとづく防災投資評価／構造物の耐震設計戦略／リアルタイム地震防災情報システム／地震防災教育の現状・課題・実践例

前防災科学研 水谷武司著

自 然 災 害 の 予 測 と 対 策
―地形・地盤条件を基軸として―

16061-1 C3044　　　　　　A 5 判　320頁　本体5800円

地震・火山噴火・気象・土砂災害など自然災害の全体を対象とし，地域土地環境に主として基づいた災害危険予測の方法ならびに対応の基本を，災害発生の機構に基づき，災害種類ごとに整理して詳説し，モデル地域を取り上げ防災具体例も明示

東大 平田　直・東大 佐竹健治・東大 目黒公郎・前東大 畑村洋太郎著

巨 大 地 震 ・ 巨 大 津 波
―東日本大震災の検証―

10252-9 C3040　　　　　　A 5 判　212頁　本体2600円

2011年3月11日に発生した超巨大地震・津波を、現在の科学はどこまで検証できるのだろうか。今後の防災・復旧・復興を願いつつ、関連研究者が地震・津波を中心に、現在の科学と技術の可能性と限界も含めて、正確に・平易に・正直に述べる。

前帝京大 岡本伸之編著

よくわかる観光学 1

観 光 経 営 学

16647-7 C3326　　　　　　A 5 判　208頁　本体2800円

観光関連サービスの経営を解説する教科書。観光産業の経営人材養成に役立つ。〔内容〕観光政策／まちづくり／観光行動と市場／ITと観光／交通，旅行，宿泊，外食産業／投資，集客／人的資源管理／接遇と顧客満足／ポストモダンと観光

首都大 菊地俊夫・帝京大 有馬貴之編著

よくわかる観光学 2

自 然 ツ ー リ ズ ム 学

16648-4 C3326　　　　　　A 5 判　184頁　本体2800円

多彩な要素からなる自然ツーリズムを様々な視点から解説する教科書。〔内容〕基礎編：地理学，生態学，環境学，情報学／実践編：エコツーリズム，ルーラルツーリズム，自然遺産，都市の緑地空間／応用編：環境保全，自然災害，地域計画

首都大 菊地俊夫・立教大 松村公明編著

よくわかる観光学 3

文 化 ツ ー リ ズ ム 学

16649-1 C3326　　　　　　A 5 判　196頁　本体2800円

地域における文化資源の保全と適正利用の観点から，文化ツーリズムを体系的に解説。〔内容〕文化ツーリズムとは／文化ツーリズム学と諸領域（地理学・社会学・建築・都市計画等）／様々な観光（ヘリテージツーリズム，聖地巡礼等）／他

上記価格（税別）は 2018 年 5 月現在